Bob Ross

Pfiffe & Applaus

BOB ROSS

Pfiffe & Applaus

Ein humorvoller Führer durch die Welt der klassischen Musik

Aufgeschrieben
von Diana Faust

LangenMüller

Erzählt von Bob Ross bei vielen Latte Macchiatos im Café Atlas und aufgeschrieben von Diana Faust

Besuchen Sie uns im Internet unter
www.langen-mueller-verlag.de

Umschlaggestaltung: Claudia S. Sanna
Karikaturen: Carlo Günther
Herstellung und Satz: VerlagsService Dr. Helmut Neuberger
& Karl Schaumann GmbH, Heimstetten
Gesetzt aus der 11,75 Punkt New Caledonia
Druck und Binden: GGP Media GmbH, Pößneck
Printed in Germany
ISBN-13: 978-3-7844-3066-9
ISBN-10: 3-7844-3066-X

Inhalt

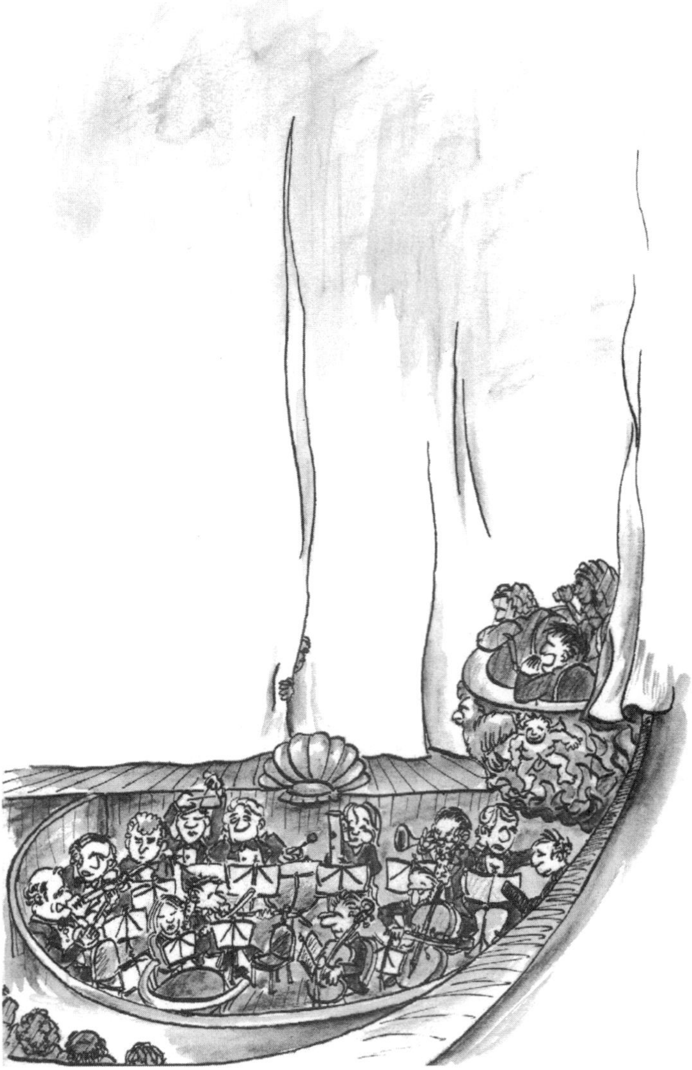

Zum Einstimmen

»Pfiffe und Applaus« ist ein Buch, das 100-prozentig aus der Sicht eines erstklassigen Orchestermusikers geschrieben ist – es könnte genauso lustig sein, der Sicht eines Dirigenten zu folgen, aber das wäre eine andere Geschichte. Auf alle Fälle ist es eine unterhaltsame Lektüre und jeder Orchestermusiker wird sich darüber freuen, in Bob Ross einen so eloquenten Sprecher gefunden zu haben.

Zubin Mehta

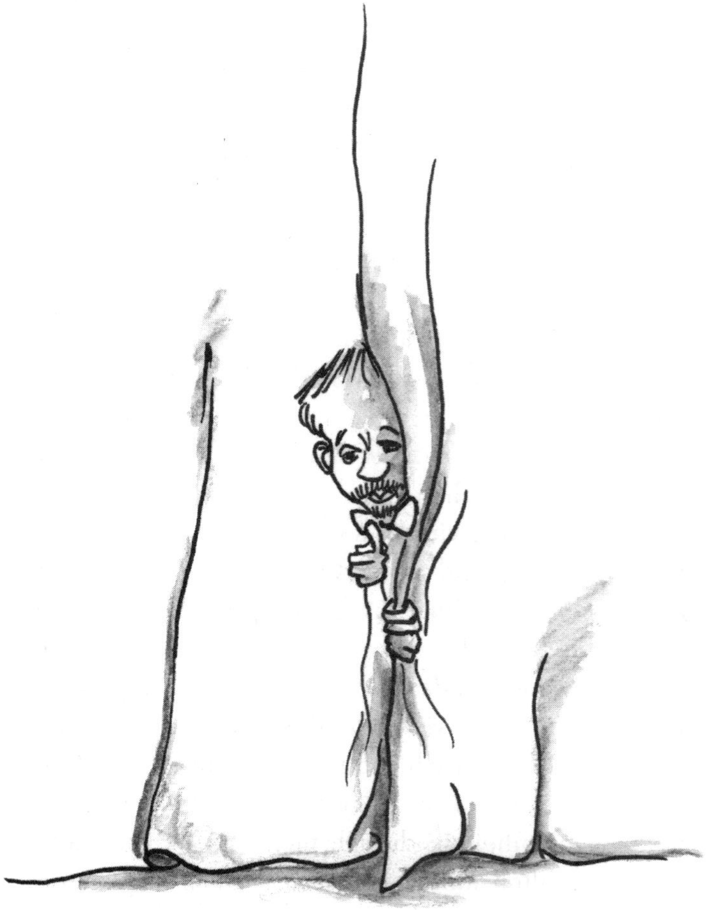

Vorwort

»Ach, die Musik! Was für eine wunderschöne Kunst! Aber: was für ein absolut miserabler Beruf!«, stellte Georges Bizet einmal fest. Er war Komponist und erlebte den Spaßfaktor beim Musizieren im Orchester nicht. Schwarzer Humor ist bei uns Orchestermusikern an der Tagesordnung, wir benötigen ihn, um die oftmals schwierigen und belastenden Situationen, die man in unserem Beruf erlebt, zu meistern. Ein emotionaler Beruf, wie der des Musikers, braucht sensible Menschen, die ihr Fach verstehen können. Da die meisten Musiker im Grunde ihres Herzens sehr sensible Menschen sind, haben sie sich im Laufe der Jahre ein sehr dickes Fell und einen ziemlich speziellen Humor zugelegt, um die Strapazen ihres Alltags unbeschadet zu überstehen.

Als eines dieser vielen meist anonym bleibenden und im Hintergrund stehenden Ensemble-Mitglieder bin ich seit Jahrzehnten Augenzeuge von unzähligen Geschehnissen, die sich rund um das Leben im Orchester und um das Leben für die Musik ereigneten. Es lohnt sich, viele von ihnen aufzuschreiben – so werden diese Geschichten und mit ihnen die Menschen, von denen sie handeln, unvergänglich. All jene Begebenheiten, die ich nicht persönlich erlebt habe, erzählten mir Kollegen aus früheren Generationen, die noch im Orchester spielten, als ich 1975 meine erste Stelle in Wiesbaden antrat. Das bedeutet, dass die Geschichten und Anekdoten in diesem Buch fast ein gesamtes Jahrhundert umspannen.

Von manchen Musikern und insbesondere von manchen Dirigenten wird in diesem Buch öfters die Rede sein als von anderen. Das liegt daran, dass ich die meisten Begebenheiten persönlich miterlebt habe und sie deshalb erzählen kann. Beispielsweise wird viel über Celibidache berichtet, weil ich 17 Jahre lang bei den Münchner Philharmonikern unter seiner Leitung gespielt habe. Wir fingen 1979 gleichzeitig in München an, darum habe ich alle seine Eskapaden am eigenen Leib zu spüren bekommen. Insgesamt werden sich ziemlich viele Anekdoten um verschiedene Dirigenten und ihre kleineren oder größeren Eigenheiten drehen. Das liegt wiederum nicht daran, dass ich sie alle persönlich kennen würde, sondern daran, dass viele Dirigenten Menschen sind, die über sich reden machen.

Aber dieses Buch handelt nicht nur von Celibidache und anderen extravaganten Dirigenten. In meiner Laufbahn habe ich Musiker aus aller Welt getroffen und kann sagen, dass die Mentalität der Musiker überall sehr ähnlich ist. Über sie will ich hier berichten. Und auch meine schottischen Wurzeln finden sich in diesem Buch wieder, ich kann gar nicht anders, als immer wieder Bezüge zwischen der Orchestertradition in England und der in Deutschland herzustellen. Auch wenn die heutige medizinische Forschung schon sehr weit fortgeschritten ist, kann ich meine DNA nicht austauschen.

Die meisten Feuilletons und Bücher über die klassische Musikszene beschäftigen sich nur mit bekannten Dirigenten und mit dem, was um sie herum geschieht. Dieses Buch hingegen ist wie ein Schrei aus der Anonymität der Musiker, von denen es eine ganze Menge gibt, die aber selten aus der Einheitlichkeit des Orchesters und der Gruppe hervortreten. Sie bleiben fast immer im Hintergrund – hier sollen sie in den Mittelpunkt gerückt werden. Schließlich stellen sie die stützenden Pfeiler eines Orchesters dar. Aus diesem Grund möchte ich dieses Buch den Musikern widmen, die Woche für Woche die Töne zum Klingen bringen und aber auch viele Leidmotive durchstehen müssen.

Als Musikstudent hätte ich mir gewünscht, mehr über die Hintergründe der Musikerszene Bescheid zu wissen, dann hätte ich manche Schockerlebnisse aufgrund des Verhaltens einiger Vorstände und Dirigenten vermeiden können. Ein Blick vorab hinter die Kulissen wäre durchaus interessant gewesen. Diesen Blick will ich künftigen Musikergenerationen gewähren.
Aber dieses Buch ist nicht nur für Leute gedacht, die aktiv etwas mit dem Musikmetier zu tun haben. Es ist für alle, die gerne Geschichten lesen – lustige Geschichten und, na ja, auch ein paar traurige. Aber so ist das Musikerleben nun einmal, ein bisschen von seinem Charme ist hoffentlich hier festgehalten. Und meine eigene Einstellung, die von meiner Herkunft

aus einer schottischen Arbeiterfamilie stammt, trägt wahrscheinlich ihren Teil dazu bei, dass das Ganze eine eher amüsante Note erhalten hat.

Der Unterschied zwischen einer schottischen Hochzeit und einer schottischen Beerdigung ist: Es gibt einen Betrunkenen weniger!

In diesem Sinne …

Keiner weiß so genau, woher ein Witz eigentlich stammt. Die Ursprünge mancher Witze liegen schon sehr lange zurück, im Laufe der Jahrhunderte sind immer wieder neue Variationen entstanden. Und gerade im Zeitalter des Internets kommt und geht ein Witz in rasanter Geschwindigkeit: Heute erscheint er auf dem Rathausplatz in München und morgen schon befindet er sich auf einer Hauptstraße in Tokio. Fast so wie ein Dirigent.
Dieses Buch wird den Witzen ein wenig mehr Beständigkeit verschaffen. Hier werden sie erst einmal ein paar Jahre verweilen, es handelt sich dabei um eine Auswahl meiner Lieblingswitze.

Wie klingt ein Xylophon? –
Wie zwei Skelette, die auf einem
Wellblechdach versuchen,
Liebe zu machen.

»Manche Leute halten Fußball für eine Sache von Leben und Tod. Ich bin von dieser Einstellung sehr enttäuscht. Ich kann Ihnen versichern, es ist sehr viel wichtiger als das!«

Bill Shankly,
Trainer des FC Liverpool

Der Beruf – You get paid and applause

Ob man Bill Shanklys Ansicht über die Wichtigkeit des Fußballs teilt, das ist eine Sache. Was Shankly mit diesem Satz eigentlich sagen will, das aber ist von großer Bedeutung: Egal, was man macht, der Wert der Tätigkeit liegt in der Leidenschaft, die man für sein Tun aufbringt. Wäre die Musik nicht meine Leidenschaft, hätte ich nicht Musiker werden können.

Allerdings hat bekanntlich jede Medaille zwei Seiten. So auch diese Einleitung. Man muss hinzufügen: Auch den Musikern eines Orchesters fällt es manchmal schwer, die notwendige Leidenschaft an den Tag zu legen beziehungsweise die Ernsthaftigkeit ihres Spiels einzuhalten. Einmal forderte ein Dirigent den Solo-Cellisten nach einer misslungenen Stelle auf: »Bitte mehr Leidenschaft. Haben Sie noch nie geliebt?« Der Cellist antwortete: »Doch, aber dazu habe ich nicht Cello gespielt.«
Wie wird man auf einen Musiker, der in einem Orches-

ter spielt, aufmerksam? Nun, indem man regelmäßig ins Konzert geht, vielleicht ein Abonnement besitzt. Irgendwann wird man diese Menschen entdecken und ihnen gespannt dabei zusehen, wie sie den Saal betreten, sich an ihre Plätze setzen, ihre Instrumente stimmen oder noch schnell üben – und auf einmal entsteht dieser spannungsvolle Moment im Orchester und im Publikum, kurz bevor die ersten Töne der Musik erklingen. Doch was, wird man sich fragen, macht ein Musiker eigentlich den ganzen Tag über? Wie sieht sein Beruf aus, ist er stressig oder angenehm, lustig oder furchtbar ernst? So jemandem würde ich sagen, dass ein Orchester eine wunderbare Sache ist. Und als Musiker in einem Orchester arbeiten zu können, sehe ich noch heute als großes Geschenk an.
Selbst wenn das Orchestermusiker-Dasein manchmal in schwerste Arbeit ausartet, dann rufe ich mir immer wieder ins Gedächtnis, dass dieser Beruf allemal besser ist, als wenn ich wie meine Vorfahren mein Dasein als Bergarbeiter mit Schichtarbeit verbringen müsste. Das Leben im Orchestergraben ist einfach gesünder als das in einer richtigen Grube.

Das Orchester kann man mit nichts anderem auf der Welt vergleichen. Was die Arbeit als Orchestermusiker von vielen anderen Berufen unterscheidet, ist: Er verdient mit dem, was er tut, nicht nur Geld, er bekommt auch Applaus dafür. Auf Englisch bezeichnet man diese Besonderheit der künstlerischen Berufe als »performing arts«. Das trifft die Sache ziemlich gut, dieser Ausdruck drückt genau aus, was gemeint ist: Man formt mit seiner Arbeit etwas, das nur in einem Moment besteht, der Lohn ist der Applaus. Im Deutschen würde man das mit »unterhaltende Künste« übersetzen – und Unterhaltung hat ja etwas Momenthaftes an sich.

Für die meisten Musiker, die in einem Orchester engagiert sind, war es vorher ein wichtiges Hobby, ein Instrument zu spielen – das war ihre Leidenschaft. Dann haben sie irgendwann den Sprung vom Amateur über das Studium bis zum Profi geschafft. Profi-Sein aber bedeutet, dass sie nicht mehr nur in ihrer Freizeit und nur zu ihrem privaten Vergnügen spielen.

Der Unterschied zwischen Amateuren und Profis ist, dass die Amateure aus Liebe zur Musik spielen, das Amateur-Sein ist wieder im wörtlichen Sinn zu verstehen: das, was man aus Liebe und Leidenschaft tut. Wenn man tatsächlich Profi geworden ist, gibt es leider eine Tendenz, dass die Leidenschaft (wie der schon erwähnte Solo-Cellist) ein wenig in den Hintergrund rückt. Das heißt nicht, dass sie vollkommen verloren geht. Sie bleibt immer der Ursprung einer Musikerkarriere. Aber die Alltäglichkeit, die ein Beruf nun einmal so mit sich bringt, führt dazu, dass man als Musiker das gesamte Metier etwas nüchterner betrachtet.

Unter Musikern sagt man, dass die Amateure die Arche Noah gebaut haben, die Profis hingegen die

Titanic. Menschen können nicht immer perfekt sein. Fehler zu machen ist menschlich. Deshalb ist es ganz natürlich, dass Menschen, die versuchen, durchweg perfekt zu sein, scheitern können und auch scheitern. Als Amateur hingegen versucht man erst gar nicht, perfekt zu sein, und manchmal kann eine solche Haltung auch die Dinge erleichtern.

Zur Titanic fällt mir etwas ein, das wenige Leute heute noch wissen. Mein Lehrer erzählte mir einmal selbst davon. Er selbst hatte die Geschichte wiederum von seinem Lehrer gehört. Und dieser war damals Mitglied in dem Orchester, von dem die Geschichte handelt, er erzählte Folgendes: Das London Symphony Orchestra sollte auf der Jungfernfahrt der Titanic mitfahren, als Gäste. Sie wollten nach Amerika, um dort eine Konzerttour zu veranstalten. Der Organisator dieser Tour hatte aber nicht genügend Konzerte in den USA auf die Beine stellen können, weswegen die Reiseroute geändert wurde. Die geplante Tournee fiel also ins Wasser, die Musiker nicht. Eigentlich ein Segen, anderseits hätten die Musiker wahrscheinlich beim Sinken des Schiffes für eine bessere Musik gesorgt, als es diese kleine Kapelle im Film getan hatte. Dafür konnte das Londoner Orchester noch im selben Monat, im April 1912, in der Queens Hall in London ein Benefizkonzert für die Angehörigen der Titanic-Opfer geben. Es ist weitaus besser, dass es so gekommen ist.

𝄢

Also, den Berufsmusiker unterscheidet vom Amateurmusiker, dass er für seinen Beruf und für das Vergnügen anderer spielt. Aber das Spielen ist geblieben. Alle, die Musik machen, ob Amateur oder Profi, spielen – so, wie man Fußball spielt. Das ist ein sehr schöner Vergleich, denn auch das Fußballspielen ist eine tolle Sache. Ich muss in diesem Zusammenhang erwähnen, dass ich Fußballfan bin, genauer gesagt: Unterhaching-Fan. Die haben schon einmal in der ersten Bundesliga gespielt und schon seit Jahren unterstütze ich sie ab und zu musikalisch zusammen mit meinen Kollegen von »Blechschaden« und auch mit verschiedenen anderen Amateur-Blasorchestern bei ihren Heimspielen. Da die Unterhachinger das Geld nicht hatten, um große Fußballer zu kaufen, hat dieser Verein, wie ein Orchester, aus eigenen Kräften ein tolles Ensemble aufgebaut, weshalb sie den Sprung in die erste Liga schafften. Die Konzerte bei Unterhaching haben sehr viel Spaß gemacht und mein Herz hängt bis heute an diesem Verein.

Natürlich besitzt jeder Beruf seine Sonnen- und Schattenseiten. Und ich kann – nach fast 30 Jahren als Hornist in vielen großen Orchestern – über beide Seiten ganz gut berichten: Eine Schwierigkeit ist die Sache mit dem Perfektionismus, dass ein Berufsmusiker dem Anspruch, immer perfekt zu sein, gerecht werden muss. Nein, wirklich, ich meine perfekt im eigentlichen Sinn von fehlerlos und ideal. In unserer heutigen Zeit, in diesem neuen Jahrtausend, bekommen wir aus dem Radio oder von Musik-CDs nur perfekt produzierte Musik zu hören – ohne den kleinsten Fehler. So wird dieses Ideal zur notwendigen Fähigkeit. Wenn man eine CD abspielt, dann hört man so gut wie keine Nebengeräusche mehr. Übrigens gibt es deshalb angeblich kaum noch Bratschenkonzerte auf CD. Das Problem an der Bratsche ist, dass ihre Nebengeräusche so ausgeprägt sind, dass man sie kaum wegretuschieren kann. Die Bratschisten müssen intern, also hinter den Kulissen, als Zielscheibe für alle blöden Witze herhalten, ein bisschen so wie früher die Mantafahrer. Wir nennen sie die Dieselgeigen, da die Bratsche größer als eine Geige ist und deshalb ein bisschen schwerfälliger und unhandlicher wirkt. Die Geiger machen sich auf diese Weise über die Bratschisten und ihr Instrument lustig. Die Bratschisten wiederum behaupten zu ihrer Verteidigung, dass es eine optische Täuschung ist, wenn man denkt, die Geige sei kleiner als die Bratsche. In Wirklichkeit haben die Geiger einfach größere Köpfe. Im Übrigen heißt die Bratsche nur im Deutschen Bratsche, was weit weniger elegant klingt als Viola, wie sie sonst überall auf der Welt genannt wird. Wahrscheinlich hat sie hierzulande ihren Namen erhalten, weil wohl einmal einer auf eine Bratsche getreten ist, und, naja, das muss einfach so wie »Bratsche« geklungen haben.

Was ist in musikalischer
Hinsicht der Unterschied zwischen
kostenlos und umsonst? –
Die Ausbildung des Geigers
war kostenlos, die des
Bratschisten umsonst.

Aber jetzt wieder zurück zum Thema: Das Publikum erwartet einfach, dass ein Stück einwandfrei gespielt wird. Was auch ein Grund dafür ist, dass kaum noch CDs verkauft werden, dem CD-Markt geht es zurzeit gar nicht gut. Die Leute kaufen sich einmal ein Stück, das perfekt auf ihrer CD aufgenommen wurde. Sie brauchen dasselbe Stück kein zweites Mal. Wer kann wirklich bei ein und demselben Stück erkennen, ob dieses Orchester auf der einen CD besser spielt als jenes auf der anderen CD? Die Unterschiede zwischen perfekt und perfekt sind mittlerweile zu minimal geworden.
Für den Orchestermusiker hat diese Entwicklung zur Folge, dass er noch mehr verpflichtet ist, bei jedem Konzert perfekt zu spielen. Schließlich zahlen die Leute nicht nur Geld für CDs, sondern sie zahlen auch (und meistens bedeutend mehr) Geld, um uns Musiker bei der Arbeit zu beobachten – so wie im Zoo: das Orchester, der menschliche Zoo. Das mit dem Bezahlen ist ein interessanter Aspekt, da fällt mir wieder ein wunderbarer Vergleich aus der Fußballwelt ein.
Der Fußballtrainer von Liverpool, der berühmte Bill Shankly, fing als schottischer Bergarbeiter an und schaffte es irgendwann, Profi-Fußballer zu werden. Er empfand es immer als Privileg, in diesem Metier arbeiten zu können. Später wurde er sogar Trainer von Liverpool, und zwar zu der Zeit, als der Verein alles, was man gewinnen konnte, gewann. Jedenfalls hat Bill Shankly immer gesagt: »Wenn die Leute, die in Liverpool leben, schwer arbeiten müssen, damit sie das Geld verdienen, um meinen Fußballern bei der Arbeit

zusehen zu können, dann ist es ein Verbrechen gegen die Menschheit, wenn sich meine Spieler nicht anstrengen und alles geben.« Dieser Satz trifft ziemlich genau die Motivationslage der Orchestermusiker. Trotzdem verstehen nur wenige Nichtmusiker, dass es so gut wie unmöglich ist, immer perfekt zu spielen. Kein Mensch kann einen Ton hundert Mal hintereinander auf die gleiche Weise spielen. Es gibt den schönen Satz: »Wir haben es schon hundert Mal gespielt, irgendwann wird es schon klappen!«

Der Mensch ist nun einmal keine Maschine. Dennoch gibt es Leute, die kein Verständnis haben und den Kopf schütteln, wenn sich ein Musiker einmal verspielt. Man sieht ihnen an, dass sie sich denken: »Oh herrje, wie kann der nur danebenspielen?« Sogar innerhalb des Orchesters selber drehen sich manche Mitspieler nach einem um, wenn man sich verspielt.

Hier wird das Heikle an diesem Beruf deutlich, der schmale Grat, auf dem man sich andauernd bewegt. Der Beruf des Musikers ist der einzige Beruf oder wenigstens gehört er zu einem der wenigen Berufe, bei denen man sich öffentlich blamieren kann, auch vor den eigenen Kollegen bei Proben. Daher der ganze Stress hinter den Kulissen! Damit auf der Bühne alles richtig funktioniert. Schließlich fühlen sich die Musiker, ebenso wie die Fußballer, dazu verpflichtet, ihr Bestes zu geben und die Zuhörer zu begeistern.

Damit das hohe Niveau in einem Orchester erreicht werden kann, müssen Musiker hohe Hürden nehmen, um überhaupt fest engagiert zu werden. Die erste Hürde, die es zu bestehen gilt, ist das Probespiel (schon das ist für die meisten unüberwindbar), zu diesem Thema gibt es allerhand lustige und skurrile Geschichten:
Normalerweise muss man unter 35 Jahre alt sein und vor dem Großteil des Orchesters vorspielen. Die Spieler stimmen dann ab, ob der Anwärter aufgenommen oder abgelehnt wird. Als ich das erste Mal einen Kandidaten anhörte, war ich als 20-Jähriger Mitglied des Orchesters des Hessischen Staatstheaters Wiesbaden. Es war ein Probespiel um die Stelle eines Klarinettisten. Der Höhepunkt war ein Bewerber aus Baden Baden, der das Pflichtstück, das Klarinettenkonzert von Mozart, zwar im richtigen Tempo begann, aber wie ein alter Schallplattenspieler zum Ende hin immer langsamer wurde, bis zum Stillstand, als er gar keinen Laut mehr von sich gab. Bis zu diesem Zeitpunkt hatte sich die Jury, also wir Musiker, hinter verschiedenen Zeitschriften versteckt, um unser Lachen zu verbergen. Vielleicht hätten wir sogar gar nicht gelacht, aber dazu kam, dass der Bewerber auch noch viel älter als die anderen Bewerber war, nahezu an die 60 Jahre. Er hatte sich von Anfang an nicht an die Regeln gehalten und unsere Zeit in Anspruch genommen (wie bei Shakespeares »Julius Caesar«, wo der Oberbefehlshaber vor seinen Leuten steht und ruft: »Lend me your ears!«), und das konnte bei dem Ergebnis seines Vorspiels nur noch Heiterkeit und

Was klingt grausamer
als eine Klarinette? –
Zwei Klarinetten.

Gelächter bei uns auslösen. Es entstand eine unangenehme Stille, ein bisschen wie die Stille vor dem Sturm. Wir hofften und dachten auch, dass er einfach von der Bühne abtreten würde, um für den nächsten Kandidaten Platz zu machen. Aber keiner konnte ihm das Signal durch die Worte »Danke, das reicht, bitte der Nächste« geben, da alle so lachen mussten. Also ergriff der arme Mann selbst die Initiative und wollte noch eine weitere Kostprobe seines Könnens auf der Bassklarinette liefern. Seine Worte waren ungefähr: »Ddddarf ich dddddie Bbbbbassklarinnnette spielen?« So fragte er mit einem ausgeprägten Stottern. Der Witz war, dass er gar keine Bassklarinette dabeihatte und sie trotzdem spielen wollte, was dafür sorgte, dass wir jetzt nicht nur nicht mehr sprechen konnten, sondern uns außerdem vor Lachen kaum noch auf unseren Stühlen halten konnten. Unser Chefdirigent, der als Einziger die Fassung wahrte, fragte uns nach einem Dienstinstrument für den Kandidaten. Diese Frage aber brachte das Fass zum Überlaufen. Ein Kollege erwiderte: »Wir haben zwar ein Instrument da, aber wenn wir es ihm geben, sehen wir es nicht wieder, weil es nicht mehr zu reparieren sein wird. Er wird es kaputtblasen.« Der Mann ist daraufhin gegangen.

Diese Situation, die nur fünf Minuten lang andauerte, hat mir als 20-Jähriger die wichtigsten Facetten des Orchestermusiker-Lebens gezeigt: So lustig die Situation für uns Musiker auch war, so tragisch war sie für den Mann, der sich öffentlich blamiert hat und gnadenlos ausgelacht wurde.

Bei dem kürzesten Probespiel, das ich je erlebt habe, sollte eine Solo-Paukerstelle besetzt werden. Der Kandidat spielte einen Schlag, der Schlägel entglitt ihm und flog durch die Luft. Als er aufstand, um den Stock zu holen, der ungefähr zehn Meter von der Pauke entfernt lag, schrie der Dirigent wiederum nur ein einziges Wort: »Raus!« Das war vielleicht von Celibidache, dem besagten Dirigenten, unfreundlich, aber so war er, er benahm sich wirklich manchmal wie ein Celi-Gaddafi … Meine Mutter kam damals versehentlich auf diesen Spitznamen. Sie wusste nicht viel über Musik und was ich im Ausland so trieb und dachte wirklich, mein Chef wäre Gaddafi und statt dass ich in Bayreuth war, ging sie davon aus, ich befände mich in Beirut. Wenn man bedenkt, dass Bayreuth unter der Leitung von Sir George Solti wirklich ein Krisengebiet war, lag sie mit ihrer Vermutung im Grunde gar nicht so falsch.
Vor meiner Zeit bei den Münchner Philharmonikern hat einmal ein Tuba-Probespiel stattgefunden, zu dem ein junger Mann erschien. Junger Mann ist eigentlich nicht die richtige Beschreibung, er war ein Schuljunge. Er setzte sich auf den Stuhl und produzierte verschiedene Geräusche auf seinem Instrument. Neben ihm stand ein Mann. »Wollen Sie jetzt bitte beginnen?«, fragte jemand aus der Orchesterjury. Doch der Mann, von dem sich herausstellte, dass es sich um den Vater des Jungen handelte, antwortete ganz selbstverständlich: »Er spielt doch schon längst!« Das war seine Fassung eines Pflichtstückes. Manchmal haben Eltern nun einmal einfach zu hohe Erwartungen an ihre Kinder.

Hat ein Musiker das Probespiel heil überstanden und vor allem auch bestanden, dann erwartet ihn eine weitere, viel härtere Prüfung, die er zu meistern hat: das Probejahr, da man sich ein ganzes Jahr lang fortwährend beweisen muss. Wenn man auch dieses überstanden hat, wird man unkündbares Mitglied eines Orchesters. Hat man es einmal in die bestbezahltesten Orchester geschafft, zu denen etwa die deutschen Rundfunkorchester und auch die Orchester in großen Städten (dort steht ein größerer Etat für Musiker und Dirigenten zur Verfügung) gehören, dann ist das so, als ob man in der Champions League Fußball spielt. Eine Ausnahme ist das Bamberger Sinfonie-Orchester, das ebenfalls zu den ganz großen gehört. Das Ensemble wurde nach dem Zweiten Weltkrieg von der Stadt Bamberg sozusagen adoptiert, ursprünglich spielte es in Prag und gehörte somit zu den Vertriebenen. Die Musiker großer Orchester gehen auf Reisen, dürfen in Amerika spielen oder in London oder an anderen herrlichen Orten auf der Welt. Diese Musiker stehen wohl am meisten unter Stress, schließlich vertreten sie ihr Land als die Besten ihres Faches. Je besser der Musiker in seinem Orchester bezahlt wird, desto höher ist der Leistungsdruck, den er auszuhalten hat. Dementsprechend steigt der Leistungsdruck, je berühmter das Orchester ist, und will man ganz oben im Rampenlicht stehen oder spielen, wird, wie bereits angesprochen, absolute Perfektion erwartet. Damit will ich nicht sagen, dass das in anderen Berufen nicht so wäre. Aber wenn ein Musiker sich verspielt, dann bemerken das die Zuhörer. Übrigens: Macht ein Dirigent einen Feh-

Ein sehr kurzes
Probespiel: Der Dirigent
sagt zum Kandidaten:
Spielen Sie ein C!
Und jetzt: G! – Der Kandidat
spielte das C und ging.

ler, dann merkt das kein Mensch, außer wenn das gesamte Konzert vollkommen zusammenbricht.
Wir hatten einmal einen Gastdirigent, der so nervös war, dass die Vorstellung im ersten Satz der fünften Sinfonie von Gustav Mahler total gescheitert ist. Das Stück brach vollkommen in sich zusammen. Er hatte komplett den Überblick verloren. Stille trat ein, und zwar eine von der Sorte, die so unangenehm ist, dass man sich schnellstmöglich an einen anderen Ort wünscht. Die gesamte Szenerie hatte etwas von einem Super-Gau, oder auf Englisch: Apokalypse now. Nach einem kurzen Moment, in dem niemand wusste, was er tun sollte, hörten wir einen hohen Ton. Es war die Stimme des Dirigenten, der uns zuschrie: »Ziffer 17«. Die Partitur einer Sinfonie ist für Probenzwecke in Ziffern oder Buchstaben unterteilt, damit man den Überblick nicht verliert und beim Proben genau weiß, an welcher Stelle man wieder einsetzen kann. Doch normalerweise sind diese Ziffern nicht für Aufführungen vorgesehen. Nicht in diesem Fall. So setzten wir wieder ein bei Ziffer 17, die Gefahr war gebannt und wir konnten das Stück zu Ende spielen. Doch das war noch nicht genug für unseren amerikanischen Tubist Tom Walsh. Nach dem Konzert besuchte er den Dirigenten in seinem Dirigentenzimmer und erklärte: »Ich hätte gerne ein Autogramm von Ihnen. Es war einfach ein unvergesslicher Abend!« Tom berichtete uns nachher, dass der Dirigent seinen sehr feinen und subtilen Humor gar nicht begriffen hatte, nass geschwitzt vor ihm stand und sich freute, ihm ein Autogramm zu geben. Als Zeichen seines Könnens. Im Hintergrund

allerdings stand der Intendant und konnte vor Lachen und Verzweiflung kaum an sich halten.
Doch nicht nur die »kleinen Dirigenten« greifen daneben, auch die ganz großen, die Maestri, machen Fehler. Auch wenn man das nach dem gesamten Streben nach Perfektion, das sonst im Mittelpunkt des Musikeralltags steht, kaum glauben mag. Unser damaliger Generalmusikdirektor, Celibidache, der sich wirklich wie ein General benommen hat und so seinem Titel alle Ehre verliehen hat, liefert zwei sehr schöne Beispiele.
Ausgerechnet in Berlin und Wien, die Wembley-Stadien der klassischen Musikszene, hat unser Dirigent für unerwünschte Pausen gesorgt. In Berlin hatten wir gerade den ersten Satz der italienischen Sinfonie von Mendelssohn abgeschlossen und wollten selbstverständlicherweise zum zweiten übergehen, als Celibidache plötzlich mit dem dritten Satz weitermachte. Er hatte aus unerfindlichen Gründen gedacht, der zweite Satz wäre schon vorbei. So befanden wir uns wieder mitten im Chaos. Das Orchester versuchte zwar weiterzuspielen, doch die Szenerie glich eher einem Bus, der ohne Fahrer seinen Weg fortsetzen will.
Last but not least: In Wien brach Don Juan zusammen, also kein echter Spanier, sondern Strauss' sinfonische Dichtung. Unser lieber »Celi«, der normalerweise immer alle Partituren im Kopf hatte und auswendig dirigierte, vergaß einen Übergang. Da er ein extrem autoritärer Mensch war, traute sich keiner ohne sein Kommando weiterzuspielen. Wieder einmal herrschte eine kurze, sehr unangenehme Stille (gerade in einem

so energiegeladenen Stück wie Don Juan können sich zehn Sekunden zu einer Ewigkeit auswachsen). Die Situation war wie ein Knock-out im Boxkampf. Dass sie zehn Sekunden lang war, weiß ich deshalb, weil einer meiner Kollegen trotz alledem die Muße besaß, die Zeit zu stoppen.

Das Zählen hatte uns dann auf den Geschmack gebracht. Als wir einmal in Madrid spielten, rutschte Celi aus, als er auf sein Podest steigen wollte. Er lag flach am Boden, und während die Cellisten ihm halfen, wieder auf die Beine zu kommen, haben wir Blechbläser, die ganz hinten sitzen, ihn ausgezählt – die Situation erinnerte uns sehr an einen Fußballspieler, der eine astreine Schwalbe hingelegt hatte. Einer hat sogar dem Intendanten, der in der Loge neben der Königin von Spanien saß, zugerufen, er solle das Tuch in den Ring werfen, um den Kampf endlich abzubrechen.

Meine Vermutung ist im Allgemeinen, dass das Podest extra für ältere Dirigenten unter Strom gesetzt wird, damit diese Rentner im Unruhestand bei ihrer Arbeit nicht einschlafen. Celi hat es noch nicht einmal bis aufs Podest geschafft. Aber nicht nur er hatte Probleme mit der Aufmerksamkeit.

Einmal ist Günter Wand tatsächlich im Adagio der achten Bruckner-Sinfonie eingeschlafen, natürlich dirigierte er das Ganze. Fast hätte man das gar nicht bemerkt, wenn nicht seine Arme sich allmählich nicht mehr bewegt hätten. Bevor er vom Podest stürzte, stand schon ein treuer Cellist vor ihm, der bereit war, ihn aufzufangen. Da wachte der Maestro auf und verschmähte seinen Retter mit eindeutigen Gesten.

Ein Musiker übt täglich
siebeneinhalb Stunden auf
seinem Instrument in seiner
Wohnung. Er weiß, was er will:
die Wohnung nebenan.

Ein anderes Mal erlitt ein älterer Gastdirigent einen Schwächeanfall bei der neunten Sinfonie von Beethoven. Das Konzert musste abgebrochen werden und der Dirigent wurde ins Krankenhaus gefahren. Unser Orchesterwart wurde beauftragt, sich um die Angehörigen zu kümmern, die im Publikum gesessen waren. Er fuhr mit ihnen Richtung Krankenhaus. Später berichtete er uns, dass auf jener Fahrt nur zwei Sätze gesprochen wurden: »Wir wollen ins Hotel« und später noch: »Wien hat noch nicht überwiesen«. Anscheinend war Geld in dieser Familie ein sehr wichtiger Bestandteil.

♭

Das Glück des Dirigenten ist aber, dass das Orchester im Regelfall meistens noch reagieren und den Fehler ausgleichen kann. Ein Beispiel: Es gibt Dirigenten, die ihr Orchester im Sitzen dirigieren – und manchmal sogar ohne Taktstock. Man stelle sich das vor: im Sitzen und dann auch noch ohne Taktstock! Einen Chor könnte man vielleicht auf diese Weise dirigieren, da die Sänger relativ dicht beieinander stehen und meistens im Tutti zusammen singen, doch auch wenn sie das nicht tun, gibt es nur vier verschiedene Stimmebenen. Ein Orchester hingegen ist so groß und es gibt unzählige Stimmkombinationsmöglichkeiten, dass man zumindest einen Taktstock braucht, um den Spielern ihren Einsatz auch auf die Entfernung zeigen zu können. Der Trick dabei ist: Man kann die Bewegung des

Taktstocks mit halbem Auge verfolgen und gleichzeitig in die Noten schauen. Der Taktstock schwebt im Hintergrund mit. Aber wie sollen die Musiker, die ganz hinten ihren Platz haben (über 15 Meter weit weg vom Dirigenten), erkennen, ob der sitzende Dirigent seinen Finger bewegt? Wenn sich der Taktstock nicht bewegt, stört das den Zuhörer nicht, er merkt es im Zweifelsfall gar nicht und wir Musiker tun unser Bestes, um solche gravierenden Dirigentenfehler auszugleichen. Wenn aber ein Musiker nicht präzise spielt, dann gleicht das kein Dirigent aus und der Musiker trägt immer selbst die Schuld.

Und da sind wir bei einer neuen Facette meines Berufs angelangt: Wie wird die Arbeit der Orchestermusiker beim Publikum und in den Medien wahrgenommen? Die meisten Feuilletons diskutieren nur die Leistung des Dirigenten und seine Interpretation eines Musikstückes. Das ist so, als ob im Fußball nur der Trainer, der seine Mannschaft coacht, im Mittelpunkt des Interesses stehen würde. Das beeinflusst die öffentliche Meinung, die Leute achten nur auf den Dirigenten und auf seine Sichtweise, nicht auf die einzelnen Musiker – außer es handelt sich natürlich um die Solisten. Dabei gehören eine große Menge Musiker zu einem Orchester und für das Funktionieren eines Konzertes kommt es auf jeden einzelnen Musiker an.

Allerdings haben es manche Instrumentgruppen manchmal leichter als andere, da mehrere Musiker dieselbe Stimme spielen. Dann kann es schon einmal vorkommen, dass der Bassist zu seinem Kollegen sagt: »Pass auf, beweg dich jetzt, der Dirigent schaut uns an!« Es kann aber auch sein, dass beispielsweise ein Bläser nur an einer bestimmten Stelle im Stück ganz alleine spielen muss und somit die Möglichkeit hat, mit ein paar falschen Tönen das gesamte Stück zu ruinieren. Wir befinden uns dann in einer der Gefahrenzonen des Orchesterberufs, die der Musiker genau kennen muss. Um solche Situationen meistern zu können, muss ein Musiker mit seinem Instrument immer total fit sein und trainieren. In Musikerkreisen gibt es folgende Regel: Wenn man einen Tag nicht übt, merkt man es selber, nach zwei Tagen hören es die Kollegen, am dritten Tag das Publikum.

Damit sind wir beim Alltag eines Musikers angelangt. Eigentlich ähnelt auch er, wenn ein erneuter Vergleich erlaubt ist, ein wenig dem Fußballer-Alltag. In einem Sinfonie-Orchester gibt es ungefähr drei Konzerte pro Woche, die ein Musiker zu spielen hat. Für diese drei Konzerte sind fünf Proben angesetzt. In den Proben erwartet der Dirigent, dass der Musiker sein Instrument (natürlich perfekt) beherrscht. Die Proben sind wie ein Test. Jede Woche aufs Neue muss jeder ein-

Ein Musiker übt bei offenem Fenster. Es ist Sommer und es ist heiß. Plötzlich fliegt ein Damenschuh durchs Fenster. Der Musiker beschwert sich bei seiner Frau: »Hey, jetzt werfen sie schon Damenschuhe nach mir!« »Spiel weiter!«, erwidert seine Frau: »Der Schuh passt, ich brauche auch noch den zweiten!«

zelne Musiker beweisen, dass er gut auf seinem Instrument ist. Wahrscheinlich ist es in der Schauspielerei oder als Bäcker auch nicht anders. Trotzdem, gerade Orchestermusiker stehen immer unter Strom. Sie sind sehr stolz auf das, was sie leisten und was sie bislang erreicht haben, und sie wollen sich unter gar keinen Umständen blamieren. Das ist es, was die Mentalität eines Musikers ausmacht: Man will sich unter keinen Umständen blamieren. Eine bestimmte Leistung muss immer wieder erbracht werden, man kann sich nie auf die faule Haut legen und denken, dass man es geschafft hat und an einem Punkt angelangt ist, wo man so viel Vorarbeit geleistet hat, um jetzt nur noch die Lorbeeren einzusammeln.

Ein Nine-to-five-Job ist das nicht. Der Beruf des Musikers ist mehr als ein Job, er ist ein Künstlerleben inklusive Euphorie und Krisen, Pfiffe und Applaus. Unter Musikern gibt es außergewöhnlich viele Scheidungen, sogar Selbstmorde sowie Alkohol- und Betablocker-Abhängigkeiten. Zu dieser dunklen Seite unseres Berufes äußert sich eine Statistik der Musikergewerkschaftszeitung, nach der viel zu viele Musiker viel zu früh gestorben sind und leider nicht mehr viel von ihrer Pension genießen können. Das verbindet uns mit den Ärzten, denen ergeht es ähnlich.
Besonders gravierend ist die Geschichte von Clyde Wedgewood. Er war zweiter Hornist im Chicago Symphony Orchestra und er war so klein, dass er damals in der 50er-Jahren seine Taschentücher extra anfertigen lassen musste, damit sie größenmäßig zu seinen Anzü-

gen passten. Er war wirklich ein Casanova im Taschenformat, die Frauen liebten sein Hornspiel. Das wurde ihm zum Verhängnis. Er wurde wegen einer Frauengeschichte von einem Gangster erschossen. Das ist zwar eine besondere Art von Gefahr, in die er sich da gebracht hat, zeigt aber, dass das Leben als Musiker gefährlich sein kann. Ein Klarinettist eines großen englischen Orchesters wurde in Brasilien ermordet. Keiner weiß warum. Wer weiß, womit er zu tun hatte.

Nur: Bis heute weiß ich von keinem Dirigenten, der in ähnlicher Weise zu Tode gekommen ist, freiwillig oder unfreiwillig, und es gibt auch keinen Dirigenten, der mit 65 Jahren aufgehört hat. Ganz im Gegenteil: William Steinberg, der Chef des Bostoner Sinfonie-Orchesters, war fast achtzig, als er seine letzte Deutschlandtournee unternahm. Er war so alt, dass er nur noch im Liegen transportiert werden konnte und sein persönliches Taxi ein Krankenwagen war. Er wurde von Stuttgart nach München verfrachtet, hat es geschafft, bis zum Ende des ersten Satzes einer Bruckner-Sinfonie im Herkulessaal zu dirigieren, immerhin mehr als der vorhin erwähnte Gastdirigent, der es bis Ziffer 17 gebracht hat. Nach dem ersten Satz winkte er seiner Krankenschwester, die ihn im Rollstuhl wieder in seinen Krankenwagen transportierte. Er dirigierte wirklich bis zum bitteren Ende, auch wenn sein Alter wirklich schon Spuren hinterlassen hatte. Unser Schlagzeuger Arnold Riedhammer war einmal mit William Steinberg auf Reisen, als er beobachtete, wie Steinbergs Assistentin ihn in den Frühstückssaal brachte und ihn vom Buffet mit Frühstücksutensilien versorgen wollte. Als sie wiederkam, war er schon friedlich eingeschlummert. Sie tippte ihm auf die Schulter, weckte ihn und machte ihn darauf aufmerksam, dass die Musiker nun auch bald zum Frühstücken kommen würden. Er hörte das und war sofort wieder anwesend: Er setzte sich auf und auf seinem Gesicht erschien ein breites Lächeln. So als ob man den ON-Knopf gedrückt hätte.

Oder Otto Klemperer: Als er schon uralt war, erschien er pünktlich um 19:30 Uhr auf der Bühne der Royal Festival Hall in London, um das Philharmonic Orchestra zu dirigieren, auf dem Programm stand Beethoven. Der Bratschist, der gleich vor ihm saß, machte Klemperer darauf aufmerksam, dass er wohl aufgrund seines weit fortgeschrittenen Alters vergessen hatte, sein Hosentürchen zu schließen. Allerdings dachte er nicht daran, sich bei dem Bratschisten zu bedanken, im Gegenteil, er herrschte ihn erzürnt an: »Und? Was hat das mit Beethoven zu tun?« Er setzte eben Prioritäten.

Anders Celibidache, dem bei einer Probe das Gleiche passierte, er reagierte darauf ausnahmsweise einmal mit Humor und erklärte: »Ein toter Vogel fliegt nicht aus dem Nest!« Angeblich hat er dieses Zitat bei Sir Colin Davis geklaut.

Der alte Trompeter
spielte noch wie ein Vulkan.
Vielleicht nicht mehr ganz
so feurig, dafür
spuckend!

In der eben erwähnten Royal Festival Hall hat sich eine weitere Sternstunde der Musik ereignet. Terry Johns, der legendäre Solo-Hornist des Londoner Royal Philharmonic Orchestra mit dem keltischen Temperament der Menschen aus Wales, erschien, nachdem er nachmittags auf einer Party gefeiert hatte, leicht angeheitert zum Dienst. Jedenfalls wirkte es so, in Wirklichkeit war er total betrunken. Es sollte die vierte Bruckner-Sinfonie gespielt werden, die unter Blechbläsern für ihr großes Horn-Solo am Anfang des Stückes berühmt und berüchtigt ist. Die Kollegen rieten ihm eindringlich davon ab, diesen Part zu übernehmen. Doch Johns war ein sturer Kopf, er ließ sich nicht von seinem Vorhaben abbringen, ging zum Chefdirigenten Rudolf Kempe und erklärte ihm die Situation. Kempe erwiderte: »Wenn Sie glauben, dass Sie spielen können, dann spielen Sie doch!« Die Kollegen aber sahen das anders und schickten ihn aus dem Saal. Er sollte nach Hause gehen, um sich auszuruhen, und sein Stellvertreter sollte für ihn einspringen. Das sah Johns vollkommen anders. Zuerst ließ er sich zwar rausschicken, hatte dann aber wohl einen Sinneswandel. Als das gesamte Publikum schon auf seinen Plätzen saß und die Musiker gerade zu spielen beginnen wollten, tauchte Terry wieder auf: Die Türe öffnete sich hinten im Saal, er schritt ganz selbstverständlich durch das Publikum nach vorne auf die Bühne, nahm seinen gewohnten Platz ein und spielte das Solo – vollkommen ruhig und souverän! Hinterher fragte ihn ein Kollege: »Wie hast du es geschafft, in diesem Zustand so toll zu spielen?« Er antwortete lakonisch: »Das ist der

Zustand, in dem ich zu Hause übe.« Manchmal führt der Alkohol nicht ins Verderben, seine keltische Trinkfestigkeit hat ihn gerettet.
Auch gibt es manche Dirigenten, die dem Alkohol nicht abgeneigt zu sein scheinen: Die Geiger, die ganz vorne im Orchester sitzen, wussten ganz genau, wann Leonard Bernstein oder auch Sir John Barbirolli die Bühne betraten. Sie erkannten sie nicht nur am Applaus, sondern auch an ihrer Fahne. Übrigens gehörten diese beiden zu den nettesten Dirigenten.

Es kann vorkommen, dass ein Dirigent einen Musiker seines Orchesters ablehnt. Eine solche Situation kann für einen Musiker sehr extrem werden. Mein alter Freund, der Hornist Otto, erzählte immer, er hätte Stalingrad überlebt, aber den Dirigenten Günter Wand nicht. Gott sei Dank lebt er, Otto, bis heute, und zwar in Wiesbaden. Günter Wand war Chefdirigent in Köln und auch Gastdirigent beim BBC-Orchester in London. Über ihn erzählt man sich, dass Berlin eine Mauer gehabt hat, aber Köln eine Wand.

Eigentlich spielt ein Musiker in den Proben nicht für sich, sondern für die anderen Kollegen. Man will zeigen, dass man noch zur Mannschaft gehört, dass man sein Niveau halten kann, auch über einen langen Zeitraum. Darin liegt nämlich die Schwierigkeit. Je älter die Musiker werden, desto mehr beginnen sie, um ihre Position im Orchester zu kämpfen, ihre Leistung beibehalten zu wollen, sich immer wieder der Herausforderung zu stellen. Durch diese zusätzliche Belastung, dass man immer auch seine Position verteidigen muss, legen sich die meisten älteren Musiker daher im Laufe der Jahre ein dickes Fell zu – manchmal das einzig Ratsame, was man machen kann. Im Orchester lebt man quasi von Spielzeit zu Spielzeit, wie eine Fußballmannschaft. Eine Spielzeit beginnt im Herbst und dauert bis zum Sommer. Es ist ein bisschen wie in der Schule: Wenn der Dirigent kommt, tanzt alles nach seiner Pfeife, er ist wie ein strenger Lehrer. Und weil Dirigenten, je nach Tagesform, ihre Spieler auch mal, durchaus willkürlich, auf unfreundliche Weise angreifen, braucht man so ein dickes Fell. Man lernt mit der Zeit, mit heiklen und nicht immer ganz fairen Situationen umzugehen.

So ist der Dirigent Michael Gielen einmal bei einem Gastspiel in München während einer öffentlichen Generalprobe, bei der ungefähr 2500 Leute anwesend waren, auf einen Akademisten losgegangen, der Tuba spielte. Normalerweise sind Gastdirigenten eher freundlich, da sie eine entspannte Zeit in einer anderen Stadt verbringen können und es sich zudem nicht leisten können, unfreundlich zu sein, da sie schließlich wieder eingeladen werden wollen. Wenn sie aber älter sind, haben sie nichts mehr zu verlieren und sie legen diese für Musiker sehr angenehme Verhaltensweise mehr und mehr ab. Wir probten die unvollendete

Gott schuf das Horn in seinem Zorn! Und dann wurde er feige und lernte Geige.

zehnte Mahler-Sinfonie, die so gut wie nie gespielt wird. Der Tubaspieler spielte eine Stelle nach Ansicht von Gielen zu schnell. Das war ein Fehler. Dabei waren auch wir anderen uns nicht im Klaren darüber, was Gielen uns mit seinem Taktstock zu erklären versuchte. Er brach ab, ging sofort auf den Tubaspieler los und putzte ihn vor dem gesamten Publikum herunter, was er sich eigentlich erlaube. Doch der Fehler lag wirklich nicht bei dem Tubisten. Während den folgenden drei Konzerten verschlug sich Gielen immer wieder an derselben Stelle. Das Stück wäre zusammengebrochen, wenn die Horngruppe nicht konsequent weitergespielt und Gielen in diesen Momenten ignoriert hätte. Nach dem letzten Konzert machten wir ihn darauf aufmerksam, dass er, falls er wiederkommen sollte, gut beraten wäre, nicht auf unerfahrenen Musikern herumzuhacken, wenn er doch selber trotz seiner großen Erfahrung Fehler machen würde.

Was in der Musikerszene fehlt, ist ein »Knigge«, man bräuchte einen Ratgeber, der alle wichtigen Verhaltensregeln in einem Orchester aufzählt – und zwar für Musikstudenten und Orchesteranwärter. Es gibt viele ungeschriebene Gesetze im Orchester. Nur leider hat sich noch niemand die Mühe gemacht, all diese ungeschriebenen Gesetze aufzuschreiben. Als ich neu war im Orchester, zog mich ein älterer Kollege, der

Posaunist Harry Kiessling, beiseite und erklärte mir, dass es üblich sei, sich sehr dezent und leise hinter der Bühne einzuspielen – ganz bescheiden. So etwas weiß man nicht, wenn man noch ganz am Anfang steht. Junge Musiker denken meist, sie müssten sich durch besonders lautes und eindrückliches Spiel beweisen – ein Fehler, der sie als Anfänger ausweist. Und als Anfänger wollen sie ja gerade nicht wahrgenommen werden.
Ein anderes Mal, ich spielte beim WDR in Köln und wir waren in Japan auf Konzertreise, saß ich herum, wartete auf die Probe, hatte nichts zu tun und spielte deshalb Tonleitern auf meinem Horn: rauf und runter, kurze und schnelle Töne. Ein älterer Hornist betrat den Raum, hörte mir zu und riet mir dann: »Halte lieber lange Töne aus.« Er hatte Recht. Heute weiß ich aus eigener Erfahrung, dass es unheimlich schwierig und wichtig ist, beim Zusammenspiel im Orchester die langen Töne sauber und klangvoll zu bringen. Tonleitern klingen zwar recht imposant, sind aber eher zweitrangig.

Zu besagtem Hornist fällt mir schon wieder eine Bruckner-Geschichte ein: Der Hornist spielte als Aushilfe in Essen im Orchester die siebte Bruckner-Sinfonie. Heinz Wallberg dirigierte das Stück. Als er diesen Hornisten sah, brach er sofort ab und umarmte den Hornisten. Alle Anwesenden waren etwas befremdet, da so eine Situation normalerweise undenkbar ist. Ein Dirigent umarmt seine Musiker nicht. Der Grund war, dass die beiden gemeinsam in einem Kriegsgefangenenlager inhaftiert waren. Seitdem hatten sie sich aus den Augen verloren. Es war ein bewegender Moment.

#

Der Schlussapplaus ist das Schönste am Ende der Arbeit. In ihm zeigt sich ein wesentlicher Unterschied zu vielen anderen Berufen, bei denen man nicht so spontan und direkt die Anerkennung für sein Tun erfährt. Der bekannteste Text, der sich dazu äußert, ist der bekannte Broadway-Song »There's no business like showbusiness« mit seiner alles beschreibenden Zeile »you get paid and applause«. Kein Lehrer würde am Ende seiner Unterrichtsstunde von einem Schüler auch nur den Ansatz eines Klatschens hören. Selbst wenn die Leute manchmal nur als Dankeschön fürs Aufhören applaudieren würden, ist es egal, der Applaus bleibt ein gutes Gefühl.

Bei manchen modernen Stücken dauert der Applaus noch nicht einmal so lange, bis der Dirigent die Bühne verlassen hat, um wieder hereinzukommen. Der längste Applaus aber, den ich je erlebt habe, fand 1983 in Bayreuth statt, nach einer Aufführung von »Siegfried«. Wir Hornisten gingen noch während des Applauses für Dirigent, Solisten und die Regie in unser dortiges Stammlokal, eine Traditionskneipe für Hornisten, das unterhalb von dem Hügel liegt, auf dem das

*Was haben eine Bassposaune
und eine Handgranate
gemeinsam? – Bis man sie hört,
ist es schon zu spät.*

Festspielhaus gebaut ist, zwei Minuten zu Fuß entfernt. Dort feierten wir zusammen mit den Ehrenhornisten nach jeder Siegfried-Aufführung unseren Siegfried-Abend. Man trinkt dann mehrere Fass Bier und isst unter anderem die Blumen, die im Lokal als Dekoration stehen. Warum man ausgerechnet die Blumen essen musste, habe ich nie verstanden, aber es gehörte nun einmal zu dieser wunderbaren Tradition, also fügte man sich seinem Schicksal. Diese Tradition geht bis ins 19. Jahrhundert zurück, als die Hornisten von Dresden damals bei den allerersten Festspielen zu der Melodie des Jägerchors aus Webers »Freischütz« ein Lied über die Vororte von Dresden gedichtet und gesungen haben. Zu dieser Zeit in Bayreuth waren wir etwa 18 Hornisten und dazu noch jede Menge Ehrenhornisten mit ihren Familien. Wir alle feierten fröhlich, die Party war also schon recht fortgeschritten und es gab keine Blumen mehr, als der Hornist Manfred Klier von den Berliner Philharmonikern plötzlich bemerkte, dass im Festspielhaus immer noch applaudiert wurde. Ich konnte das gar nicht glauben, deshalb ging ich hinaus, um mich selbst zu überzeugen – tatsächlich: Man konnte noch immer den Applaus und die »Bravo-Rufe« aus den geöffneten Fenstern des Festspielhauses hören. Da mussten richtige Wagnerianer am Werk gewesen sein. Nur wahre Fans konnten doch tatsächlich die Muße aufbringen, so lange zu applaudieren!
Ich muss noch kurz erklären, was es mit den Ehrenhornisten auf sich hat: In Bayreuth gab es die so genannten Ehrenhornisten, das sind Dirigenten und Solisten. Ehrenhornisten durften sie werden, wenn sie in dieses

Lokal hineingekrochen kamen und um Aufnahme in den Club der Hornisten bettelten. Dann mussten sie mit jedem von uns einen Schnaps trinken, was das bedeutet, kann man sich vorstellen: Das macht insgesamt mindestens 18 Schnäpse. Auch wenn es unglaublich klingt, wir hatten eine ganze Menge Ehrenhornisten – diese Auszeichnung war begehrt. Zusammen sangen wir also die traditionellen Lieder aus dem 19. Jahrhundert. Seitdem die Mauer gefallen ist, dürfen wieder Dresdner Hornisten in Bayreuth spielen und die alten Lieder ihrer landsmännischen Kollegen zum Besten geben, was für diese politisch stark geprägte Generation viel bedeuten musste. Mittlerweile gibt es allerdings eine neue Generation von Hornisten, die diese alte Tradition nicht mehr pflegen. Das ist der Gang der Zeit, der Männerclub von früher hat sich anscheinend aufgelöst. Wenn man bedenkt, dass zu jener Zeit einmal ein Solo-Hornist von der Polizei wegen Beamtenbeleidigung in besagtem Lokal verhaftet wurde, er war durch den Alkohol von da an nicht mehr nur im Radio bekannt wegen seines musikalischen Könnens, sondern bei Funk und Funkstreife, ist das vielleicht auch besser so.

Eine weitere Applaus-Besonderheit bei den Festspielen in Bayreuth ist die Tradition bei der »Götterdämmerung« im »Ring der Nibelungen« (in Musikersprache: »Ring, der nie gelungen«), der letzte Abend des Nibelungen-Zyklus. Am Schluss der Oper kommt das gesamte Orchester auf die Bühne. Sonst verschwindet bei Opern das Orchester so schnell wie möglich aus dem Orchestergraben, damit man nicht in den Zuschauerverkehr gelangt, der sich an eine solche Veranstaltung anschließt und einer Rushhour ähnelt. Für das Publikum ist das Götterdämmerung-Spektakel eine unterhaltsame Überraschung. Besonders wenn die Leute sehen, wie die Musiker in Sommertracht aussehen. Bayreuth ist das einzige Opernhaus, in dem man das Orchester überhaupt nicht sehen kann. Es hat nur zu den Sommerfestspielen geöffnet, aber leider keine Klimaanlage, deshalb kleiden sich in diesem Orchestergraben die Musiker nicht so, wie man es gewohnt ist, mit Frack oder Smoking, sie kommen einfach so, wie sie sich wohl fühlen: zum Beispiel in Shorts oder im Fußballtrikot oder so wie ich, ich kam einmal im Schottenrock. Alle fanden das recht lustig, einschließlich mir, nur unser Dirigent, Daniel Barenboim, konnte nicht lachen. Vielleicht hatte er zu lange in England gelebt und nicht in Schottland.

Manche Dirigenten haben für den Fall, dass sich die Zuhörer nicht angemessen verhalten wollen und nur in der pflichtgemäßen Länge halbherzige Klatscher herausbringen, die so genannte »Pudelnummer« parat. Celibidache ist dafür ein sehr gutes Beispiel. Pudelnummer deshalb, weil sich alle Musiker aus dem Orchester wie die Pudel nacheinander erheben. Die Dirigenten lassen viele einzelne Orchestermitglieder

Die Harfenistin fiel durch die Harfe. Sie liegt jetzt im Krankenhaus, Zimmer 32 bis 37.

aufstehen und beklatschen, so baut sich der Applaus auf. Man hat seine Methoden …

Einmal hat diese Methode allerdings nicht funktioniert. Bei Kurt Masur, einem Gastdirigenten, haben wir Hornisten uns geweigert aufzustehen, weil sich dieser Dirigent während des Konzerts so unkollegial verhalten hat. Er hat ohne Taktstock seinen Weg durch das Konzert »geschüttelt«. Während wir Hornisten gerade mit dem zweiten Satz der vierten Sinfonie von Brahms beginnen wollten, bedeutete er uns, abzuwarten (bei dieser Stelle handelt es sich um eine Horn-Passage ohne Begleitung anderer Instrumente, was die Situation noch heikler machte), jemand im Publikum hatte gehustet. Wir hatten schon Luft geholt, und was macht er: Er bricht ab. So ein Verhalten hatten wir bis dahin noch nie erlebt. Als er dann am Ende die gesamte Aufmerksamkeit durch den sich steigernden Applaus auch noch auf sich ziehen wollte, reichte es uns. Bis zum Schlussakkord hatte er uns böse angeschaut, dann plötzlich forderte er uns mit einem Lächeln auf den Lippen auf, aufzustehen. Wir blieben sitzen. Er verließ wutentbrannt die Bühne und sein Geschrei konnten wir aus der Ferne noch deutlich hören. Seitdem haben wir ihn nie wieder gesehen. Gute Gastdirigenten hingegen bekommen sogar vom Orchester auf der Bühne Applaus. Im Moment fällt mir allerdings nur Zubin Mehta ein und verschiedene Dirigenten aus der jüngeren Generation, wie zum Beispiel Jonathan Nott und Miguel Harth-Bedoya.

Heutzutage kommt es zu ähnlichen Situationen, wenn beispielsweise ein Handy plötzlich klingelt. So etwas sollte nie ein Grund sein, um das Stück abzubrechen. Bei manchen modernen Avantgarde-Stücken sind Handy-Klingeltöne im Stil von klassischen Stücken für uns Musiker eine richtige Erholung. Aber das ist nur der Fall, wenn ein Stück besonders langweilig ist. Das nennen wir intern die »Uhrfassungen«, damit sind genau die Stücke gemeint, bei denen man ständig auf die Uhr schauen muss, wie lange sie wohl noch dauern, da sie so furchtbar langweilig sind. Da wird dann aus einem Leitmotiv ein Leidmotiv.

Nicht nur die Orchestermusiker, sondern auch Dirigenten und Zuschauer könnten einen »Knigge« ganz gut vertragen. Ein Beispiel habe ich in Schottland erlebt, wo das Scottish National Orchestra in meiner Provinzstadt Kirkcaldy gastierte. Das Orchester stimmte in die Rossini-Ouvertüre »Diebische Elster« ein, die mit einem Trommelwirbel beginnt. Das Publikum verwechselte die Situation mit dem Anfang der Nationalhymne »God Save The Queen« und erhob sich geschlossen, es dachte, sein Einsatz sei gekommen.

Aus der Sicht von uns Orchestermusikern ist es auch sehr amüsant zu beobachten, wie sich Leute furchtbar aufregen, wenn manche unerfahrenen Konzertbesucher versehentlich zwischen den Sätzen einer Sinfonie klatschen. Und wenn im Publikum ein Handy klingelt, sehen wir sofort, wer einen roten Kopf bekommt und beginnt, heftig in seinen Taschen herumzusuchen. Wir Musiker amüsieren uns über die Ernsthaftigkeit solcher Zuschauer, wir würden uns freuen, wenn es ein wenig Zwischenapplaus gäbe, so wie in der Jazz-Szene, das würde die gesamte Museumsatmosphäre im klas-

sischen Konzert vielleicht ein wenig auflockern, was wiederum dazu führen könnte, dass sich auch ein jüngeres Publikum wieder mehr für eine solche Art von Veranstaltungen interessieren könnte.
Bei den Jazz-Musikern gibt es zwar den Zwischenapplaus, allerdings empfinden diese Musiker es manchmal als »uncool«, ihn entgegenzunehmen. Sie wenden sich wie damals Miles Davis vom Publikum ab und zeigen sich von hinten.

Auch auf Auslandstourneen erlebt man sehr ungewöhnliche Geschichten, was den Applaus betrifft. In Japan stand ein Großteil des Publikums sogar nach dem Konzert am Bühneneingang, um uns weiterhin zu applaudieren. Unser Tubist Tom (der Autogramm-Tom) und ich gingen durch die Menge zu unserem Bus und fanden diesen anhaltenden Applaus so toll, dass wir einmal um den Bus herumgingen und dann wiederkamen. So konnten wir uns ein zweites Mal feiern lassen. In Asien kam es mir so vor, als würden die Menschen generell vor Begeisterung über ein Konzert immer lauthals schreien. Man bekommt es ein wenig mit der Angst zu tun, weil es so klingt, als wäre jemand in Schwierigkeiten. Zu Karajans Zeiten hat das Publikum in China sogar vor Euphorie auf den Boden gespuckt. Was den Veranstalter dazu veranlasste, bei den folgenden Konzerten Plakate auf Chinesisch auf-

Der Wirt möchte ein wenig Musik in seinem Lokal haben. Als er den Raum betritt, fällt der Bedienung gerade ein Tablett voller Gläser herunter. »Oh mein Gott! Ich habe doch ausdrücklich gesagt: Kein Jazz in meinem Laden!«

zustellen, auf denen zu lesen war: »Bitte nicht spucken«. Anscheinend war dieses Verhalten selbst für gebürtige Chinesen ein wenig extrem.
In südlichen Ländern, wie zum Beispiel in Italien, klingen die »Zugabe-Rufe« in unseren Ohren wie »Buh-Rufe«, sie schreien »Bissss« oder so ähnlich. In Amsterdams wunderbarem Concertgebouw gab es Zugabe-Rufe und weil der Weg des Dirigenten vom Podest zum Bühnenausgang über unendlich viele Treppen steil nach oben führte – dieser Konzertsaal ist mit einer ungewöhnlichen Architektonik ausgestattet –, war er für den übergewichtigen Dirigenten Jimmy Levine ziemlich anstrengend. Deshalb legte er bei der Horngruppe einen kleinen Zwischenstopp ein. Unser amerikanischer Hornist Dave Moltz fragte ihn auf Englisch, ob er als Zugabe Wagner spielen wollte, damit wir dementsprechend unsere Noten zurechtlegen konnten. Noch während des riesigen Applauses flüsterte er ihm zu: »David, you can bet your ass!« Ich erwiderte Dave, dass wir es so genau doch eigentlich gar nicht wissen wollten, wir waren beide etwas überrascht von seiner spontanen und sehr saloppen Antwort, weil man so etwas von einem Dirigenten eher nicht gewöhnt ist. Wir einigten uns darauf, auf diese Wette nicht eingehen zu wollen.

Übrigens, im Konzert werden die Orchesterspieler so gut wie nie ausgepfiffen. Das kommt nur in der Oper vor, wenn den Zuschauern die Inszenierung oder das Bühnenbild nicht gefallen hat, dann gibt es keine anerkennend gemeinten Pfiffe für den Regisseur. Dafür gibt es in den Konzertsälen öfters einmal »Bravo-Rufe« für die »großen« Dirigenten. Ich vermute, dass die Zuhörer nach einem Blick ins Programmheft, wenn sie realisieren, wo entsprechender Dirigent schon überall auf der Welt aufgetreten ist, noch ein bisschen intensiver klatschen, um ihre Anerkennung und ihren Respekt zu zeigen. Man möchte dem Publikum der großen Metropolen in nichts nachstehen.

»Zur Resignation gehört Charakter.«
Johann Wolfgang von Goethe

Die Charaktere – Maestros und my ass tros

Es gibt vor allem unter den Dirigenten sehr verschiedene Köpfe. Das beste Beispiel für einen sehr eigenwilligen Kopf ist Sergiu Celibidache, der viele Jahre die Münchner Philharmoniker leitete. Er bezeichnete seine Dirigentenkollegen als »Orchesterverschmutzer«, die seine Arbeit bei uns vernichten würden, wenn er nicht mehr am Leben wäre. Als er gerade seine Stelle angetreten hatte, gingen bei einer Pressekonferenz etwas die Pferde mit ihm durch und er erzählte relativ offen, was er über seine Konkurrenz dachte. Das hat sich so sehr herumgesprochen, dass verschiedene Dirigenten, die er in diesem Zusammenhang erwähnte, entweder bei uns nicht mehr als Gastdirigenten auftreten wollten oder es von Celibidache aus nicht mehr durften. Er sagte zum Beispiel, dass die Münchner Philharmoniker besser spielen als die Wiener, dass Herbert von Karajan wie Coca-Cola ist, Karl Böhm ein Dilettant und Wolfgang Sawallisch ein Langstreckendirigent in »mezzo forte«. Mit solchen Aussagen erregte er viel Aufsehen bei der Presse. Eine bekannte Münchner Tageszeitung hat auf diese Statements geantwortet, dass die Münchner zwar besser als

die Wiener sind, aber die Kapelle Otto Schwarzfischer besser als die Münchner. (Die Kapelle Otto Schwarzfischer ist eine Oktoberfestkapelle.)
Die angesprochenen Dirigenten fanden Celibidaches Attacken allerdings nicht wirklich komisch, Karl Böhm sagte ein Gastkonzert in München ab, genauer gesagt, tat das seine Frau. Sie schrieb einen Brief an die Orchesterdirektion, dass sie zwar noch nie Coca-Cola getrunken habe, aber wenn sie so schmecken würde, wie Karajan ist, dann würde sie ab sofort nur noch Coca-Cola trinken.
Aber auch Karl Böhm war kein sehr umgänglicher Mensch. Als er gestorben war, war ich gerade in Bayreuth. Meine Kollegen dachten darüber nach, eine Gedenkminute für ihn einzulegen. Doch keiner war für diesen Vorschlag zu gewinnen. Jeder hatte mit Karl Böhm seine eigenen Erfahrungen gemacht.
Einmal ließ Böhm in einer Probe einen Hornisten alleine den Anfang von Wagners Oper »Rheingold« anspielen. Der Anfang erstreckt sich über zwei Oktaven, es ist also ein sehr schwieriges Stück. Böhm hat den Hornisten so lange spielen lassen, bis der absolut nicht mehr konnte und am Ende seiner Kräfte war. Dann hat er sich in seinem Wiener Dialekt über ihn lustig gemacht. »Nerv'n hat der Moa a koa.« Da wird ein Charakterzug deutlich, der nicht besonders vorzeigefähig ist.
Aber auch andere Dirigenten sind sehr gut darin, böse Bemerkungen zu machen. Solti beispielsweise kam als Gastdirigent nach Bayreuth und hat erst einmal verkündet, dass er alle Blechbläser des Orchesters raus-

*Was ist der Unterschied
zwischen einem Orchester
und einem Irrenhaus? –
Im Irrenhaus ist wenigstens
der Chef normal.*

schmeißen will und durch die Blechbläser des Chicago Symphony Orchestra ersetzen wird. Er mochte uns nicht, darum stellte er es so dar, als wären wir nicht gut genug. Er verkündete der Horngruppe sogar, dass er uns Hornspielern, bis er Bayreuth wieder verlassen würde, beigebracht haben wolle, wie man ordentlich Horn spielt. Auf diese sehr unfreundliche Bemerkung hin streikten wir. Wir wussten, letztlich konnte er uns gar nicht rausschmeißen und musste sich bei uns entschuldigen. Allerdings tat er das nicht persönlich, sondern schickte seinen Assistenten vor. Der Sommer in Bayreuth mit Solti war dann allerdings für alle Beteiligten so anstrengend und chaotisch, dass Solti der Erste war, der Bayreuth verließ. Im Gegensatz zu uns kam er nie wieder, obwohl er einen Dreijahresvertrag gehabt hätte. Es ist sehr schade, dass sich Dirigenten oft so arrogant und unfreundlich verhalten.

Wir Blechbläser in unserem Orchester aber pflegen bei solchen Typen eine kleine Tradition: Wenn ein Dirigent die Bühne betritt und nicht »Guten Morgen« sagt, beginnen wir von den hintersten Reihen her, demonstrativ einen guten Morgen zu wünschen. Wenn der Dirigent anfangen sollte, Englisch zu sprechen, weil er beispielsweise aus Finnland kommt, dann sagen die Ausländer unter uns: »Red Deutsch!« Ein bisschen Spaß muss einfach sein. Auf diese Weise revanchieren wir uns für die vielen Ungerechtigkeiten, die wir oft durch die Dirigenten ertragen müssen. Zudem haben sich die Blechbläser, die im Orchester relativ weit hinten sitzen, angewöhnt, genau so laut zu sprechen, dass die Kollegen einen verstehen, aber der Dirigent nichts von der Unterhaltung mitbekommt. Manchmal erinnert die Ordnung in einem Orchester in der Tat an längst vergangene Schulzeiten. Gewisse Vergleichspunkte sind vorhanden. In diesem Sinne ist es sehr wichtig, dass man möglichst bei allem, was der Dirigent sagt, »Ja« sagt, oder noch besser »Jawoll«. Widerstand gegen den Dirigenten ist einfach zwecklos. Der Dirigent hat das Orchester schon fest im Griff, wenn er auf die Bühne kommt. Alle wissen, dass es nur um Leistung geht. Nur die wenigsten Orchestermusiker sind so souverän und selbstbewusst, dass sie ernsthaft denken, sie könnten alles spielen, vollkommen unabhängig vom Dirigenten.

Es gibt ein gutes Beispiel, um den Einfluss des Dirigenten zu veranschaulichen: Ein paar Kollegen waren krank. Wahrscheinlich wegen des Dirigenten, es war Celibidache. Die Musiker, die die kranken Kollegen vertreten sollten, konnten zuerst gar nicht glauben, warum alle anderen von einem angstvollen Respekt gegenüber unserem Dirigenten ergriffen waren. Der Aushilfsposaunist fragte noch: »Warum habt ihr Schiss vor diesem alten Mann?« Als wir allerdings anfingen zu spielen, die zweite Brahms-Sinfonie, und der erste Posaunen-Einsatz begann, wetterte Celibidache los: »Wer hat diesen Mann bestellt? Spielen Sie alleine!« Das war die Antwort auf seine Frage. Der arme Verunsicherte versuchte zu spielen, und natürlich schaffte er es nicht. Solche Celibidache-Erlebnisse waren dem Posaunist neu, er fragte jedenfalls nicht noch einmal, warum wir uns vor einem alten Mann ängstigten.

Auch ich hatte vor meiner ersten Probe mit Celibidache Bedenken, da ich schon so viel von ihm gehört hatte. Ein Freund von mir, John Wallace, er war Solo-Trompeter des London Symphony Orchestra (wir kannten uns, da wir damals in Schottland in einer Brassband zusammen gespielt hatten), hatte mir die ein oder andere Geschichte von ihm erzählt. Er hatte Celibidache als Gastdirigent in London erlebt, wo dieser es schaffte, das renommierte Orchester gleich in den ersten paar Minuten seiner Anwesenheit zu beleidigen. Er ließ alle Musiker einzeln einstimmen, wie die Anfänger im Schulorchester, wo der Dirigent noch überprüfen muss, ob wirklich alle ihr Instrument in der richtigen Tonlage stimmen können. Diese Prozedur dauerte über eine Stunde – eine Zeit, die man besser mit Proben hätte verbringen können. Dem Orchestervorstand, das ist derjenige der Musiker, der das Orchester nach außen vertritt (der Schülersprecher sozusagen), wurde das Spektakel irgendwann zu viel und er sagte: »Es reicht jetzt, wir haben genug eingestimmt, wir sind alle total fertig mit den Nerven, weil es so anstrengend war. Wir müssen jetzt eine Pause im

Pub einlegen, damit wir uns erholen können. Und übrigens, was machen diese Menschen hier im Saal?« Er meinte die anwesenden Zuschauer, über die sich die Musiker schon die ganze Zeit wunderten und von denen keiner so genau wusste, was sie bei der Probe zu suchen hatten. Normalerweise sind solche Proben nicht öffentlich. Celibidache antwortete: »Das sind meine Schüler, die begleiten mich überall hin.« Das ließ den Vorstand unberührt und er entgegnete: »Sie sollten sich lieber London anschauen, hier sind wir nicht in der Schule!«

Aufgrund solcher Vorkommnisse riet mir mein Freund John: »Geh bloß nicht nach München, wo Celibidache dirigiert, du wirst niemals mit ihm auskommen. Ich kenne dich, Bob.«

Ich nahm ihn nicht ernst, und als ich Celibidache bei meiner ersten Probe in München begegnete, dachte ich: »Mensch, das ist ja ein uralter Mann, der kaum noch laufen kann. Ich habe selten einen so alten Mann gesehen!« Damals war Celibidache 70 Jahre alt – er hat noch dirigiert, bis er 86 Jahre alt war. Dieser Mann war eine eindrucksvolle Erscheinung. Wenn er die Bühne betrat, herrschte Ruhe. Und John behielt Recht. Ausgerechnet wegen seiner Dirigierschüler, die erst recht in München bei jeder Probe anwesend waren, Celibidache war ja in München fest engagiert, kam es zum Eklat zwischen den Philharmo-

nikern und ihm. Ich hatte einen Anteil daran, dass die Situation sich so entwickelte. Celi hatte durchgesetzt, dass uns seine Schüler zu Übungszwecken drei Wochen lang in den Proben dirigieren durften. Man muss sich das so vorstellen, dass zusätzlich zu Celibidaches Schülern, bis zu 100 Menschen, unter anderem ältere Hausfrauen, die auf dem Weg nach Hause einen kleinen Zwischenstopp in unserem Probesaal einlegten und ihre Einkäufe mit sich trugen, anwesend waren und uns sogar gleichzeitig dirigieren durften. Celibidache hatte ebenfalls dafür gesorgt, dass die Proben öffentlich zugänglich waren. Warum er auch nicht verhinderte, dass wirklich alle Anwesenden sich einmal im Dirigieren versuchen durften, das haben wir bis heute auch noch nicht verstanden. Sinnvoll ist das schließlich nicht. Die Szenerie glich einer Frühgymnastikgruppe der Kategorie »Fit im Alter mit Aerobic« in Aktion. Und das alles zur fünften Sinfonie von Beethoven. Während einer solchen städtischen Wärmestube-Veranstaltung (so nannten wir Musiker diese Proben) ging Celibidache auf einzelne Musiker los, weil sie seiner Meinung nach irgendetwas nicht richtig gemacht hatten. Zu meinem Erschrecken war auch ich dabei. Er deutete auf mich und erklärte seinen Schülern: »Er spielt absichtlich dreimal lauter als das erste Horn!« Ich kam mir vor wie eine Taste auf einem Klavier, denn er hatte es noch nicht einmal für nötig gehalten, persönlich mit mir zu sprechen. In der Pause ging ich zu Celibidache und versicherte ihm, dass ich nicht absichtlich zu laut spielen würde. Seine Antwort war: »Nicht nur Sie, sondern alle zweiten Bläser spielen zu laut.« Allerdings hatte er das nicht in normaler Lautstärke von sich gegeben, sondern mir diese Antwort ins Gesicht geschrieen. Entrüstet erwiderte ich: »Wenn Sie mir nicht glauben, dann hat es auch keinen Zweck, dass ich weiter spiele.« Darauf schrie er zurück: »Dann hat es keinen Zweck!« Ich packte schon mein Horn ein, um nach Hause zu gehen, doch hielt mich ein älterer Schlagzeuger, Heinz Becker, davon ab. Einfach nach Hause gehen bedeutet den Dienst zu verweigern, was wiederum ein Entlassungsgrund ist. Das wollte ich nun auch nicht riskieren und wieder einmal hatte ich ein neues Wort gelernt: »Dienstverweigerung«. Das war mir neu. Ich besann mich und wählte Möglichkeit Nummer zwei.

Nach der Pause saß ich zwar auf meinem Platz, aber ich spielte keinen Ton. Als Celi dann wieder auf die Horngruppe losging, weil sie immer noch zu laut sei, war der Eklat programmiert: Ich machte ihn darauf aufmerksam, dass ich dieses Mal gar nicht gespielt hätte, wegen seines Benehmens in der Pause. Die ganze Szene kam mir vor wie der Witz, in dem der Dirigent die Probe unterbricht und schreit: »Der Mann spielt zu laut!« Antwort: »Der Mann ist gar nicht da, aber wenn er kommt, sage ich ihm, dass er zu laut ist!« Das war zu viel für Celibidaches Stolz, zudem hatten seine Schüler ja alles mitbekommen, außer die spanischen, die verstanden nichts. Er schmiss den Taktstock auf den Boden und verließ den Saal. Die verwirrten spanischen Schüler fragten unseren spanischen Konzertmeister Garcia, was denn da los sei. Der Konzertmeister erklärte ihnen, was vorgefallen war, und schlug sich bei seiner Schilderung auf meine Seite, er fand, dass ich im Recht mit meiner Reaktion gewesen sei. Leider informierten Celis Schüler ihn über diese Stellungnahme des Konzertmeisters. Das hatte zur Folge, dass wir einige Zeit nicht mehr unter seiner Leitung spielen durften, wir konnten nur noch unter Gastdirigenten spielen. Doch in jeder Diktatur gibt es ab und zu eine Amnestie für die Gefangenen und Vertriebenen. Nach zwei Jahren durfte ich wieder spielen und Garcia hatte schon längst das Orchester gewechselt. Seitdem rede ich nicht mehr mit Dirigenten in der Pause.

Es gibt unzählige Begegnungen dieser Art mit Celibidache. Aber wenigstens war er in seiner Unfreundlichkeit konsequent, er ging nicht nur mit uns Musikern so um, sondern mit allen Leuten, die ihm über den Weg liefen. Er schaffte es, selbst Helmut Kohl und Michail Gorbatschow nach einem Konzert in Moskau anzuschreien. Aus Sicherheitsgründen hatte Gorbatschow angeordnet, dass das Konzert gekürzt wurde. Er wollte vermeiden, dass eine Pause stattfinden musste. Die Kollegen vom Bayerischen Fernsehen gingen nach dem Konzert mit Celibidache, Kohl und Gorbatschow ins Dirigentenzimmer und berichteten später an der Bar im Hotel, was die Herren miteinander gesprochen hatten. Gorbatschow zu Celibidache: »Vielen Dank für das wunderbare Konzert.« Celibidache: »Das war kein Konzert. Sie haben es amputiert.« Kohl: »Ich bitte Sie, Maestro, beruhigen Sie sich. Sie bekommen dafür von mir ein richtiges Konzert in Paris, nächstes Jahr.« Celibidache (schreiend): »Was interessiert mich nächstes Jahr?!« Celibidache beschäftigte sich viel mit Phänomenologie, deshalb lebte er angeblich von Moment zu Moment. Das Bayerische Fernsehen hatte diese Unterhaltung zwar aufgenommen, aber wohlweislich nie gesendet.

Auch bei den großen Solisten kannte er keine Gnade. Anne-Sophie Mutter hielt ihn bis zur Pause der ersten Probe aus, dann ging sie und kam nie wieder, um unter seiner Leitung zu spielen. Jessye Norman blieb zwar bei allen Konzerten, musste sich aber auch seine Beurteilungen gefallen lassen. Sie sang »Vier letzte Lieder« von Richard Strauss, eines heißt »Frühling«. Celis Kommentar vor dem Orchester und seinen legendären Schülern: »Das ist kein Frühling, wie Sie da singen, das ist ein Sturm in der Wüste Gobi!«

Selbst den Intendanten, der sich unheimlich dafür eingesetzt hatte, dass Celibidache nach München kam, entließ er innerhalb kürzester Zeit, er war sozusagen sein erstes Opfer. Es war ihm auch gelungen, den Oberbürgermeister und die Stadträte so sehr einzuschüchtern, dass seine Weigerung, einen Arbeitsvertrag zu unterschreiben, durchging. Er war einfach Chef ohne einen Vertrag. Aber er setzte auch durch, dass die Orchestermusiker mehr Geld bekamen, die Reisebedingungen für sie verbessert wurden und dass mehr Stellen eingerichtet wurden und somit das Orchester vergrößert wurde. Wahrscheinlich tat er das, damit er nicht jeden Tag die gleichen Gesichter vor sich sehen musste. Es kam vor, dass verschiedene Kollegen bei ihm nicht mehr die führenden Positionen spielen durften, für die sie eigentlich vorgesehen waren, vielleicht brauchte er auch deshalb die neuen Stellen. In seiner Zeit konnte man, wenn man als Musiker ungerecht von Celibidache behandelt wurde, kaum Hilfe von den Vorständen erwarten. Sie waren alle vollkommen eingenommen von seiner künstlerischen und musikalischen Genialität. Das war problematisch, weil der Vorstand eigentlich, wie schon erwähnt, derjenige ist, der von den Musikern gewählt wird, um das Orchester gegenüber dem Dirigenten zu repräsentieren und die Anliegen der Musiker zu vertreten.

Nur ein Beispiel: Bei einer Probe griff Celi die Horngruppe an, da wir mal wieder zu laut für seine Ohren gespielt hatten. Es handelte sich um eine Passage aus der »Meistersinger«-Ouvertüre, die von Wagner als laut vorgesehen war. Unser dritter Hornist, Hartmut Hubert, meldete sich zu Wort und beschwerte sich: »Ich fühle mich musikalisch entmündigt!« Celi brach die Probe ab und bestellte Hartmut einschließlich Vorstand in sein Dirigentenzimmer. Das war kein gutes Zeichen, eine solche Aktion kommt der Vorstufe einer Entlassung gleich. Hartmut erklärte Celibidache, was er mit seinem Ausspruch gemeint hatte, der hatte ihn nämlich falsch verstanden und dachte, Hartmut hätte »entmutigt« gesagt. Darauf erwiderte er: »Aber doch nicht so, Hartmut. Nicht vor dem Orchester. Man kritisiert den Dirigenten nicht vor dem Orchester.« Gerade als sich die Situation zwischen Hartmut und Celi wieder beruhigt hatte und die Angelegenheit schon geklärt war, platzten einige der Kollegen ins Zimmer. Aus Solidarität wollte ihn die gesamte Horngruppe auf seinem Weg zum Schafott begleiten. Obwohl die anderen nicht so richtig verstanden hatten, was Celibidache an Hartmuts Aussage so sehr aufgeregt hatte, und die Sache schon geregelt war, mischte sich der Vorstand ein: »Ein solches Vorkommnis kann man nicht so einfach aus der Welt schaffen, das Ganze wird Konsequenzen haben!« Da sprang unser erster Hornist David Moltz in die Luft und baute sich vor dem Vorstand auf. So standen sie sich gegenüber, Gesicht vor Gesicht, ganz nahe voreinander. Plötzlich fand der Streit nicht mehr zwischen Celibidache und dem Hornisten statt, sondern zwischen dem Vorstand und Dave. Unerwarteterweise versuchte nun Celibidache, den Streit zu schlichten, die Rollen waren vollkommen vertauscht. Er meinte: »Aber meine Herren, wir sind doch ein philharmonisches Orchester, so können Sie doch nicht miteinander reden!« Solche Worte ausgerechnet aus dem Mund eines Mannes, der sich selbst als verkappter Diktator beschrieben hat. Dave war aber zu diesem Zeitpunkt schon so in Fahrt, dass er sich nur noch zu Celi umdrehte und ihn anfauchte: »Sie können mir sagen,

ob ich zu tief, zu hoch, zu laut oder zu leise spiele, aber nicht, wie ich mich diesem Vorstand gegenüber zu verhalten habe!« Nach diesem Zwischenfall probten wir weiter. Jetzt wussten wir aber, woran wir waren. Auf einen Vorstand war kein Verlass, zumindest nicht, solange Celi dirigierte.

Übrigens, was Dave betrifft, er war immer sehr schlagfertig. Einmal fragte ein Dirigent ihn, ob er eine bestimmte Passage, die sehr schnell gespielt werden musste, gestoßen spielen könne. Damit ist gemeint, dass jeder Ton mit der Zunge neu angestoßen wird. Seine spontane Antwort war gelispelt: »Daz weiz ich nizzt!« Und ein anderes Mal, ziemlich an der Grenze der Geschmacklosigkeit, erwiderte er auf die Frage: »Machen Sie das mit der Hand?« (gemeint war, ob er eine gedämpfte Stelle mit der Hand im Trichter anstatt mit dem Dämpfer spielen könnte): »Nur auf Reisen!« Aber Dave ist auch ein hilfsbereiter Mensch. Zubin Mehta sprang einmal für Celibidache ein und hatte nicht viel Zeit, mit uns das Konzert zu proben. Als er erklärte: »Ich weiß nicht genau, welche Tempi Sie von Celibidache gewohnt sind«, meldete sich Dave aus dem Orchester zu Wort und sagte: »Wenn Sie sich über das Tempo unsicher sind, dann schauen Sie einfach auf mein Bein!« Manche Musiker ersetzen mit ihrem Bein das Metronom. Sie sind so sehr gewöhnt, das Bein im

Takt zu bewegen, dass sie so ganz automatisch das Tempo angeben.
Diese amerikanische Art von Humor hatte auch sein Landsmann Eric Terwilliger. Celibidache wollte irgendwann nicht mehr, dass man ihn mit »Herr Celibidache« ansprach, sondern nur noch mit »Maestro«. Er verließ sogar eine Probe, da sich ein Musiker nicht an diese Regel gehalten hatte. Der Vorstand musste die Situation klären, schließlich kam Celi zurück und die Probe ging weiter. Nur traute sich niemand mehr, ihn anzusprechen, bis auf diesen besagten amerikanischen Kollegen, der sich nach einer Zeit an Celi wandte und ihn sehr gedehnt mit seinem gewünschten Titel ansprach, die Betonung ließ keinen großen Raum für Missverständnisse offen: »Entschuldigen Sie, my ass tro, …« Nur Celi hatte zum Glück diese kleine Feinheit nicht verstanden.

Im Alter wurde Celibidache umgänglicher, nachdem er sein Orchester erzogen hatte. Er unterschrieb am Ende sogar seinen Vertrag mit der Stadt München. Auch wenn Celibidache sehr streng sein konnte und nicht immer charakterliche Größe im Umgang mit seinen Kollegen und Mitarbeitern zeigte, so muss man ihm doch zugute halten, dass er sein Metier beherrschte und im Dirigieren eine tolle Leistung vollbracht hatte. Es gibt auch die Sorte Dirigenten, die ebenfalls unheimlich gemein sind, aber qualitativ längst nicht mit Celibidache mithalten können. So hatte Celibidache damals nicht ganz zu Unrecht von manchen Kollegen als den »Orchesterverschmutzern« gesprochen.

Noch mehr Dirigentenerlebnisse hatte man mit Solti in Bayreuth. Vor versammelter Mannschaft kritisierte er einen Trompeter aus Berlin. »Hören Sie nicht, wie schlecht Sie stimmen?«, fragte er. Doch der Trompeter war nicht auf den Mund gefallen und erwiderte: »Nein, wie soll ich das hören, wenn ich blasen muss.« Eine tolle Antwort. Den Bassposaunisten hat er angeschrieen: »Das ist hässlich, wie Sie spielen, einfach hässlich!« »Ja«, antwortete der Posaunist, »ein Wurm ist hässlich, und das, was ich da spiele, ist nun einmal ein Wurm-Motiv!« In diesem Stück thematisierte eines der Leitmotive einen Wurm, so gesehen hatte der Posaunist Recht, er musste so spielen, wie ein Wurm ist: hässlich.

Oder die Sache mit dem schon etwas älteren Kontrafagottspieler, die in Berlin passiert ist. Der gute Mann, also der Musiker, war schon ein wenig schwerhörig. Der Dirigent sagte ihm, er solle leiser spielen, doch der Kontrafagottspieler verstand ihn nicht und fragte seinen Nachbarn, was der Dirigent gesagt hätte. Der erwiderte: »Lauter!« Also spielte er lauter, worauf der Dirigent noch einmal, diesmal sehr viel lauter schrie: »Ich habe gesagt leiser!« Der ältere Spieler war schon ganz verwirrt und wunderte sich, was der Dirigent

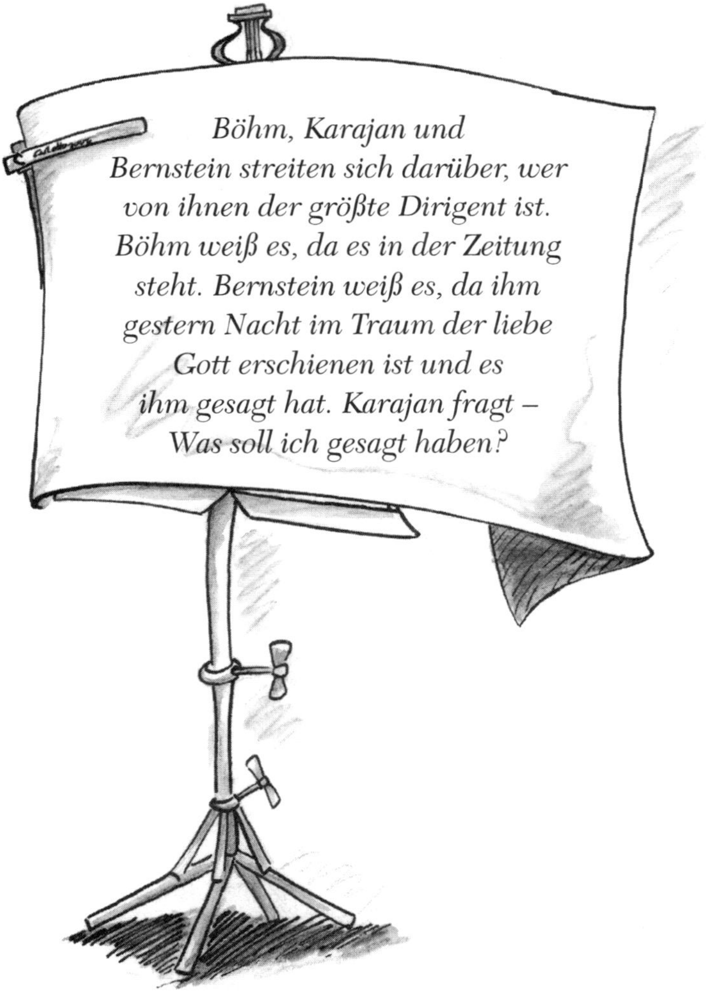
Böhm, Karajan und
Bernstein streiten sich darüber, wer
von ihnen der größte Dirigent ist.
Böhm weiß es, da es in der Zeitung
steht. Bernstein weiß es, da ihm
gestern Nacht im Traum der liebe
Gott erschienen ist und es
ihm gesagt hat. Karajan fragt –
Was soll ich gesagt haben?

wollte, schließlich glaubte er, alles richtig gemacht zu haben. Wieder ermunterte ihn sein Kollege, lauter zu spielen, noch lauter. Darauf rief der Kontrafagottspieler: »Einen kleinen Moment!« und packte aus seinem Koffer eine Zange aus, mit der er an seinem Fagottrohr herumbastelte. Der Dirigent aber ging natürlich davon aus, dass der Kontrafagottspieler nun endlich angemessen leise spielen würde, und probte noch einmal besagte Stelle, in die der Kontrafagottspieler mit einem sehr deutlichen und vor allem wahnsinnig lauten Ton einstimmte. Es klang wie ein Erdbeben im Orchestergraben.

Man kann die Beziehung zwischen Musikern und Dirigenten in der Tat oftmals wie eine Lehrer-Schüler-Beziehung im traditionellen konservativen Sinn beschreiben. Einer steht vorne und sagt den anderen, wo es lang geht. Als Orchestermusiker hat man den Anweisungen des Dirigenten zu gehorchen, er gibt im wahrsten Sinne des Wortes den Ton an. Wahrscheinlich ist das der Grund, warum Dirigenten oft, na ja, sagen wir, etwas eigensinnige Charaktere haben. Die Stellung eines Dirigenten in seinem Orchester hat etwas Despotisches an sich – das ist leider fast unumgänglich, wenn die Zusammenarbeit funktionieren soll. Es ist wohl kein Zufall, dass die Tradition der Dirigenten unter anderem auf die preußischen Kapellmeister zurückgeht. Der oberste Chef in diesen Kapellen trägt bis heute den Titel »Generalmusikdirektor«, was sehr an die bekannte preußische Art straffer Organisation erinnert. Die Stellung eines Dirigenten hat schließlich auch etwas Militärisches an sich. Einer steht vorne und befiehlt hundert Leuten, und zwar unmittelbar und direkt. In einer Firma hat ein Chef vielleicht auch mehrere hundert Mitarbeiter unter sich, aber die sitzen nicht alle direkt vor seiner Nase.

Das Problem an diesem Verhältnis ist, dass das, was der Dirigent sagt, sieht oder bewertet, subjektiv ist. Es ist ein bisschen so wie mit dem Linienrichter beim Fußball. Manchmal lässt sich sehr schwer feststellen, ob ein Spieler wirklich im Abseits steht oder ob der Linienrichter das nur so gesehen hat, weil er sich an einer Stelle des Fußballfeldes befindet, von der aus die Situation so gewirkt hat. Die persönliche Wahrnehmung lässt Dinge manchmal anders erscheinen, als sie objektiv gewesen sind. Der Dirigent hört eine Stelle in einem Musikstück und empfindet sie persönlich als zu hoch oder zu laut oder zu spät eingesetzt. Auch wenn der Musiker genau das gespielt hat, was in seiner Stimme steht. Es kann zudem vorkommen, dass die übrigen Orchestermusiker dieselbe Stelle anders beurteilen würden. Das ist eine komplizierte Angelegenheit, weil sich niemand gerne unterordnet, der im Prinzip die gleiche Kompetenz wie sein Gegenüber vorzuweisen hat. Aber der Dirigent ist nun einmal der Chef, der Boss. Das Schwierige daran ist, das subjektive Empfinden des Dirigenten im Konzert immer und immer wieder auf die exakt selbe Weise in der Musik umzusetzen. Dabei ist kein Raum für persönliche Schwächen der Musiker vorhanden. Wer nicht einwandfrei seine Aufgabe meistert, der wird benachteiligt.

♫

So ist es meinem damaligen Lehrer ergangen. Er verließ freiwillig das schottische Nationalorchester. Aus familiären Gründen war er bei einer Probe in Glasgow in einer sehr schlechten Verfassung. Zu diesem Zeitpunkt war der berühmte niederländische Dirigent Edo de Waart zu Gast. Dieser verkündete, dass er nur noch einmal nach Schottland zum Dirigieren käme, wenn dieser Mann (gemeint war mein Lehrer) nicht mehr spielen würde. Er ließ ihn vorspielen, doch mein Lehrer war dazu in seinem Zustand nicht in der Lage. Er war zudem zu stolz, um etwas über die Beweggründe seines Ausfalls zu sagen. Daraufhin kündigte er. Glücklicherweise bekam er später seine sehr gute Stelle in Wales angeboten.
Wenn ein Dirigent einmal ein bestimmtes Niveau erreicht hat und sich etabliert hat, besitzt er eindeutig Narrenfreiheit.

Dazu fällt mir eine sehr eindrückliche Geschichte ein. Günter Wand, der in diese Kategorie von Dirigenten fiel, war in London als Gastdirigent des Sinfonie-Orchesters der BBC. Wie es so seine Gewohnheit war,

Was ist der Unterschied zwischen einem Orchester und einem Stier? – Der Stier hat die Hörner vorne und den Arsch hinten.

tobte er sich dort richtig aus. Alan Civil, ein berühmter Solo-Hornist, der einzige Orchestermusiker, der auf einer Beatles-Platte namentlich erwähnt ist, da er den Song »For no one« zum Teil komponiert hat – ein Vorbild für alle Hornisten –, bekam seinen Einfluss zu spüren. Er sagte zu ihm auf Deutsch (er sprach deutsch, weil er eine Zeit lang bei den Berliner Philharmonikern gespielt hatte), dass er sich nicht so schlecht benehmen dürfe. Sie wären in England und eine Zusammenarbeit könne nicht auf eine solche Weise funktionieren. Daraufhin ist Günter Wand zum Direktor der BBC gegangen und hat verkündet, dass er nur noch dirigieren würde, wenn dieser besagte Hornspieler nicht mehr anwesend wäre. Und tatsächlich durfte Alan Civil nicht mehr unter Wand spielen. Dabei hatte er mit jedem Wort, das er zu Günter Wand gesagt hatte, Recht. Für Alan Civil war diese Konsequenz ein Schock, sein gesamtes Leben hatte er als Hornspieler verbracht und von nun an sollte er nicht mehr spielen dürfen, wenn Günter Wand zu Gast war. Er ist viel zu früh gestorben, und diese Geschichte hat seine Gesundheit sicherlich nicht positiv beeinflusst. Es ist nicht notwendig, dass die Dirigenten mit so viel Macht ausgestattet sind, und es ist nicht immer zweckdienlich, wobei Zweckdienlichkeit der einzige Grund sein sollte, dieses Machtvolumen zu rechtfertigen.

Es gibt aber auch lustige Dirigenten, deren despotische Ader nicht so ausgeprägt ist. Georges Prêtre, einer von Frankreichs renommiertesten Dirigenten, war früher Profi-Boxer. Und genau so sah er aus und bewegte er sich. Wenn er auf dem Podest stand und dirigierte, wirkte es so, als ob er gerade boxen würde. Ich kann mich gut an eine Szene mit ihm während einer Stelle aus »Bilder einer Ausstellung« von Mussorgski/Ravel erinnern. An dieser Stelle folgt nach einem sehr tiefen Ton eine kurze Pause. Wir spielten ihm nicht aussagekräftig genug und er beschrieb uns, wie er das Ganze interpretierte. Er stampfte mit seinem Bein auf den Boden und sagte voller Inbrunst: »Merde!« Er lachte und meinte: »Das sollen Sie denken, wenn Sie diese Stelle spielen!«
Auch Italien hat einen Dirigenten mit Humor, Gianluigi Gelmetti. Bei einem Gastspiel in München probte er mit uns Bernsteins »Westside Story«. An einer bestimmten Stelle muss das Orchester ausnahmsweise singen oder besser schreien: »Mambo!« Das taten wir auch, und der Italiener bekam einen filmreifen Lachkrampf, er konnte minutenlang nicht weiterdirigieren und ihm kamen die Tränen. Wir wussten erst gar nicht, wo der Witz lag, bis er uns immer wieder nachmachte: »Mambo, Mambo!« Er hat sich köstlich über unseren bayerischen und deutschen Akzent lustig gemacht, in seinen Ohren muss sich das urkomisch angehört haben. Wir wiederum fanden seine Reaktion urkomisch, und so lachte das ganze Orchester. Es brach förmlich eine regelrechte Hysterie aus, alle lachten immer mehr, bis unsere Bauch-

muskeln rebellierten. Es gibt einen Witz, bei dem der Dirigent seine Schüler fragt: »Welche Muskeln treten in Aktion, wenn ich dirigiere?« Die Schüler antworten: »Die Lachmuskeln!« Bei diesem Erlebnis bekamen wir eine Kostprobe davon.

Als Orchestermusiker muss man sehr gute Nerven haben. Die meisten Musiker schaffen den Sprung, in einem Orchester engagiert zu werden, nicht. Von hundert Trompetern bekommt einer eine Stelle in einem professionellen Orchester. Der gängige Weg funktioniert wie folgt: Man lernt in seiner Kindheit ein Instrument zu spielen. Meistens hat man ein gutes Verhältnis zu seinem Lehrer, vor dem man gewohnt ist, zu spielen. Vielleicht kommen auch mal einzelne Personen hinzu, denen man vorspielt, doch zunächst bleibt der Auftrittsrahmen sehr privat. In Deutschland existieren Einrichtungen wie der Wettbewerb »Jugend musiziert«. Begabte Schüler nehmen dort teil und erleben das erste Mal ein öffentliches Vorspiel. Dieses Ereignis kann man als die erste Testphase bezeichnen. Danach kommen die Kinder in die Pubertät. Oftmals ist das der Zeitpunkt, an dem die meisten aufgeben. Andere Dinge werden wichtiger, nur die wenigsten sind bereit, kontinuierlich weiter an der Perfektion ihres Spiels zu arbeiten. Aber bei denen, die dabeibleiben, fängt die Arbeit erst richtig an, auch wenn man

Wie wird man Dirigent? –
Man fängt als Orchestermusiker
mit einem Instrument an. Wenn das
nicht klappt, dann bekommt
man zwei Stöcke und versucht
sich als Schlagzeuger. Wenn
das auch nicht klappt, dann legt
man einen Stock weg und schon
ist man Dirigent.

diese Tätigkeit »spielen« nennt. Sie spielen weiterhin ihr Instrument, da sie merken, dass sie gut darin sind, und weil sie den notwendigen Ehrgeiz besitzen, was ihnen vielleicht gar nicht unbedingt immer bewusst sein muss. Für solche Menschen stellt das Musizieren mehr dar als ein Hobby, es gehört quasi zu einem. Wenn man professioneller Musiker werden will, muss man schon sehr früh ein sehr hohes Niveau erreichen. Es gibt kaum Chancen für Musiker, die erst spät begonnen haben, ein Instrument zu lernen. Man muss bedenken, dass im Zweifelsfall immer zu viele von denen vorhanden sind, die schon früh angefangen haben, ihr Instrument zu lernen. Denen gegenüber bleiben die Älteren immer im Nachteil.

Die nächste Hürde, die ein angehender Musiker zu meistern hat, ist die Musikhochschule. Dort muss man wieder vorspielen, und dieses Vorspiel hat schon eine andere Qualität, das Ganze wird ernsthafter und man muss im Allgemeinen mehr von Musik verstehen. Man muss sich in der Musiktheorie auskennen und ein zweites Instrument spielen können, wenn auch nicht so fortgeschritten wie das erste. Wenn man sich dort behauptet, kommt man weiter. Unter den Musikhochschülern existiert kaum Wettbewerb. Jeder spielt und übt überwiegend einzeln für sich. Zudem lernt man viel über Musiktheorie, die Ausbildung geht sowohl in die Tiefe als auch in die Breite dessen, was man über Musik wissen kann.

Wenn auch dieser Schritt getan ist, kommt die schwierigste Hürde, die es für angehende Orchestermusiker zu überwinden gilt: das Probespiel vor einem Orchester. Wie schon erwähnt fallen an dieser Stelle 90 Prozent der Musiker für einen solchen Job raus. Diejenigen, die im Orchester keine Stelle bekommen, werden in der Regel Musiklehrer oder Privatlehrer an Musikschulen. Aber das heißt nicht, dass alle, die Musik studieren, das Ziel verfolgen, Orchestermusiker zu werden, manche wollen von Beginn ihres Studiums Musiklehrer werden. Ein Unterschied zwischen den Leuten, die den Sprung ins Orchester schaffen, und denen, die es nicht tun, liegt in ihrer Nervosität. Bei einem Probespiel hört man schon in den ersten acht Takten, ob jemand nervös ist oder nicht. Die, die nervös sind, fliegen raus. Wenn nämlich jemand nicht die Nerven besitzt, vor den Kollegen vorzuspielen, wie soll so jemand dann Situationen meistern, in denen er vor dem Dirigenten spielen muss, der unter Umständen die Musiker noch auffordert, eine bestimmte Stelle alleine vorzutragen.

Aber die Nervosität der Leute ist nicht der einzige Grund, warum sie rausfliegen. Manche haben zwar gute Nerven, aber können nicht den Standard eines Orchesters bedienen. Unter Musikern sagen wir: »Es gibt Leute mit absolutem Gehör, mit keinem Gehör und auch noch Schlagzeuger mit absolut keinem Gehör!«

Als Musiker muss man den Drang haben, sich immer wieder beweisen zu wollen. Das ist nämlich genau das, was im Probejahr gefordert wird. Man muss sein Können immer wieder unter Beweis stellen. Wer mit dieser nervlichen Belastung überfordert ist, ist für den Beruf des Orchestermusikers ungeeignet. Doch für den, der sich bewährt und das Probejahr meistert, ist eine sichere Zukunft vorgesehen. Wenn die Abstimmung des gesamten Orchesters über die Fähigkeiten des Bewerbers nach einem Jahr positiv ausfällt, erhält man einen Vertrag, der lebenslang ist. Deshalb ist der Weg zu einem solchen Vertrag so streng, schwierig und steinig. Die unbedingten Voraussetzungen, die ein Orchestermusiker mitbringen muss, sind also Eigenschaften wie Durchhaltevermögen, Ehrgeiz, Disziplin und vor allem eine stoische Ruhe, Nerven wie Drahtseile und großes Selbstvertrauen in die eigenen Fähigkeiten – und manchmal eine große Portion Humor. Ohne Humor begibt man sich in die Gefahr, mit den Jahren zynisch zu werden, wir nennen das den »Orchesterfrust«, der einsetzt, wenn man das gesamte Repertoire einmal durchgespielt hat und dann der nächste Dirigent kommt und alles wieder von vorne beginnt. Man fühlt sich ein bisschen wie Sisyphos, dagegen muss man Abhilfe schaffen. Das Wichtigste bleibt die Liebe zur Musik, ohne die wäre man wahrscheinlich gar nicht bereit, diese gesammelten Strapazen auf sich zu nehmen.

Hat man es schließlich geschafft, eine feste Anstellung in einem Orchester zu erhalten, fängt das schöne Leben an. Zumindest eine Zeit lang. Es kommt nämlich im Laufe der Zeit der Punkt, an dem man älter wird. Wenn man älter wird, baut man physisch ab, es wird schwieriger, das geforderte Niveau zu halten. Wir spielten mit Blechschaden einmal für die Stadtsparkasse in Ingolstadt. Anschließend sprachen wir mit den Vorständen und stellten dann etwas belustigt fest: »In

Ihrem Beruf wächst Ihre Kompetenz mit steigendem Alter, bei uns Musikern ist es genau umgekehrt, das ist wie im Sport. Außer man ist Dirigent oder Trainer.«

♪

Ein weiterer amüsanter Aspekt zum Thema Charaktere in der Musikszene sind die verschiedenen Typen unter den Kollegen. Im Laufe der Jahre habe ich festgestellt, dass bestimmte Charaktertypen sich ein entsprechendes Instrument aussuchen. Nehmen wir zum Beispiel die Bläser: Blechinstrumente, auch sehr gute, sind nicht besonders teuer. Das heißt, schon die Eltern mussten nicht viel Geld ausgeben, damit ihr Kind ein Blechinstrument spielen konnte. Außerdem lernen Blechbläser das Musizieren von Anfang an in der Gruppe, entweder in einem Blasorchester oder in einer Blasband – das klingt etwas komisch auf Deutsch, ich meine »Brassbands«, also eher Blaskapellen. In diesen Ensembles ist es normal, dass junge Menschen mit älteren zusammenspielen – so etwas prägt den Charakter eines jungen Menschen.
Hingegen kann beispielsweise ein gutes Cello so viel kosten wie ein Reihenhaus. Wenn man so viel Geld investieren muss, um sein Musikspiel auf ein dementsprechend hohes Niveau zu heben, dann wird der Charakter in einer anderen Weise geprägt. Sehr viel Ehrgeiz, Disziplin, Durchhaltevermögen und Ernsthaftigkeit müssen vorhanden sein oder geschult wer-

den, um in diesen Instrumenten so erfolgreich zu sein, dass es ihren hohen Wert rechtfertigt. (Was nicht heißen soll, dass das für das Erlernen von billigeren Instrumenten nicht gilt, all die oben genannten Eigenschaften benötigt man unabhängig davon, welches Instrument man spielen möchte und wie viel es kostet.)

Manche Leute werden angeblich auch von ihren Eltern gezwungen zu spielen, wie ein Bratschist der Essener Philharmoniker, bei denen auch ich eine Zeit lang angestellt war. Zu Gast bei uns war ein Dirigent aus der DDR, Günther Herbig, er war Chefdirigent des Ost-Berliner Sinfonie-Orchesters. Er hatte ungewöhnlicherweise eine Einreiseerlaubnis in die BRD erhalten und sollte die sechste Sinfonie von Gustav Mahler dirigieren, die lange vor unserer Zeit, Anfang des 20. Jahrhunderts, in Essen uraufgeführt worden war. Zu Beginn der Probe hielt der Dirigent eine lange Rede und erklärte uns, wie einfach es für ihn war, in allen anderen Ländern dieser Welt zu dirigieren, und, im Gegensatz dazu, wie schwierig, eine Erlaubnis vom Staat zu erhalten, dieses Orchester in Essen zu leiten. Leider konnte diese Rede niemanden beeindrucken, es herrschte Unruhe im Saal. Weiterhin wollte er uns damit schmeicheln, dass er betonte, wir, also die Essener Philharmoniker, wären die Ersten gewesen, die diese Sinfonie gespielt hätten. Das war den Musikern mit ihrer trockenen Ruhrpottmentalität nun wirklich zu viel Pathetik. Sie fühlten sich eher den Menschen aus Ostdeutschland verbunden, die nicht in

Was ist der Unter-
schied zwischen einem
Cello und einem Sarg? –
Beim Cello sitzt die
Leiche draußen.

der Chefetage saßen und somit niemals die Möglichkeit erhalten würden, aus der DDR ausreisen zu dürfen. Was erzählte er also uns von den Widrigkeiten, eine Erlaubnis zu erhalten. Der erwähnte Bratschist meldete sich zu Wort: »Das waren gar nicht wir, als diese Sinfonie das erste Mal gespielt wurde, waren wir noch nicht einmal auf der Welt!« Der Dirigent wurde wütend, seine freundliche Art war plötzlich gar nicht mehr so freundlich, als er erwiderte: »Es hat Sie ja niemand gezwungen, Musiker zu werden!« »Doch«, erklärte der schon etwas ältere Bratschist, »meine Mama hat mich gezwungen.« Später hat er uns dann erzählt, sie hätte immer gesagt, dass sie jetzt schon so viel Geld in seine Ausbildung gesteckt hat, allein dadurch, dass sie das teure Instrument gekauft hat. Jetzt solle er gefälligst Musiker werden. Dieses Erlebnis mit dem Gastdirigenten aus der DDR war für mich als Schotte die erste Begegnung mit der politisch sehr brisanten Realität, die zwischen Ost- und Westdeutschland damals noch herrschte. Übrigens gefiel Günther Herbig das Leben in der DDR auf Dauer wohl doch nicht so gut. Er verließ 1983 das Land und emigrierte in die USA, wo er Chef des Detroit Symphony Orchestra wurde.

Zurück zum Thema: Hinzu kommt, dass man als Streicher Einzelgänger ist, denn man muss eine lange Zeit alleine sein Instrument üben. Bläser und Schlagzeuger hingegen können in einer Blaskapelle spielen, dort sind sie mehr in Gesellschaft Gleichgesinnter. Es wird immer schwieriger, Typen zu finden, die darauf Lust haben – gerade in der heutigen jungen Generation. Die meisten Jugendlichen haben eben mehr Lust darauf, den Spaßfaktor der Pubertät und Jugend auszukosten, als ein Instrument erstklassig zu beherrschen. Immer weniger junge Leute wollen die Kraft, Disziplin und Ausdauer aufwenden, die nun einmal notwendig sind, um ein Instrument bis zu einem sehr hohen Niveau zu erlernen.

Es kommt aber auch ganz darauf an, wie die gesamte Musikszene organisiert ist und welchen gesellschaftlichen Stellenwert es hat, ein Instrument zu spielen. Je nachdem, wie eine Musikszene funktioniert und wie verbreitet sie ist, dementsprechend gibt es mehr oder weniger Leute, die ein Instrument spielen. Wo ich herkomme, in Schottland, gibt es viele Brassbands (eine Brassband besteht ausschließlich aus Blechbläsern und Schlagzeugern), die auf einem sehr hohen Niveau spielen – wie Profis, wenn nicht teilweise sogar besser. Dort ist die Blechbläserszene wie beim Fußball seit 150 Jahren in Ligen organisiert. Die Spieler nehmen ihre Sache sehr ernst, wodurch ein sehr hohes Maß an Rivalität in den Ligen entsteht, was wiederum der Grund für das hohe Niveau der Spieler ist. Und in der ersten Liga herrscht wirklich ein phänomenales

Niveau. In Deutschland hingegen fällt die Blasmusikszene eher in den Bereich der Freizeitbeschäftigungen.

Wenn man zu einem Orchester-Ensemble gehört, dann spielt man im Team, wie eine Fußballmannschaft. Man muss innerhalb der Gruppe auf die anderen hören und sein Spiel mit dem der anderen kombinieren und sich auch unterordnen können. Es entsteht eine sehr intensive Gruppendynamik, anders wäre es gar nicht möglich, Stücke gemeinsam zu formen, in denen so viele verschiedene Stimmen vorkommen. Die verschiedenen Positionen müssen ineinander greifen, jeder muss wissen, was sein Part ist. Wie im Fußballteam, wo sich alle Spieler aufeinander abstimmen müssen. Musiker müssen also teamfähig sein. Die Solisten hingegen sind wie Tennisspieler. Sie kämpfen für sich alleine. Die Dirigenten sind wie die Polizisten, sie fuchteln ständig mit ihren Armen in der Luft herum, haben immer das letzte Wort, und wenn man sie beleidigt, bekommt man in der Regel eine Strafe – wie ich, ich bekam zwei Jahre.
Zwischen den verschiedenen Instrumentengruppen im Orchester herrschen amüsante Klassenunterschiede. Die teuren Instrumente werden in der Regel von Leuten aus wohlhabenden Verhältnissen gespielt. Blechbläser stammen tendenziell eher aus Arbeiterfamilien. Wenn man die Anordnung der Sitze im Orchester mit der im Bundestag vergleicht, dann gibt es gewisse Ähnlichkeiten. Die Streicher, die die CDU repräsentieren, sitzen ganz vorne, die SPD-Blechblä-

Was haben ein Dirigent
und ein Kondom gemeinsam? –
Mit ist sicherer, aber ohne
ist besser!

ser und -Schlagzeuger sitzen hinten und in der Mitte befinden sich die Holzbläser, sie sind ein Volk für sich und erinnern mich öfters einmal an die Liberalen. Um noch ein bisschen deutlicher zu werden: Unsere Streicher-Kollegen wissen nicht, in welcher Liga Unterhaching spielt. Ein typischer Holzbläser bevorzugt Sandalen und trägt einen Bart, zu Hause spielt er gerne einmal mit seiner Hobby-Eisenbahn, die im Hobbyraum steht. Die Schlagzeuger sind unsere Playboys und haben den Spitznamen »Bang-Gang«. Für Blechbläser-Ohren existiert lediglich ein Unterschied zwischen einem Geigen-Solo und einer Waschmaschine: Die Waschmaschine vibriert gleichmäßig, etwas Sauberes kommt heraus und erst am Ende des Programms gerät sie ins Schleudern.

In meiner Musikerlaufbahn habe ich drei Hornisten gekannt, die früher unter Vertrag bei Profi-Fußballmannschaften standen. Das waren Manfred Klier (Berliner Philharmoniker und Hertha), Klaus Markowski (Süddeutsches Rundfunkorchester Stuttgart, Stuttgarter Kickers) und Ifor James (London Philharmonic und Luton Town FC). Streicher hingegen, die schon einmal in einem Fußballclub gespielt haben, sind mir bis heute nicht über den Weg gelaufen.

Bei den Blechbläsern ist auffällig, dass sie im Vergleich zu den Kollegen aus anderen Instrumentengruppen relativ viel Zivilcourage besitzen. Das hat einen ganz einfachen Grund: Wenn ein Blechbläser danebenspielt, hört man das meistens sofort, allein wegen der Lautstärke. Geigenspieler hingegen können Fehler eleganter kaschieren. Deshalb bekommt ein Blechbläser öfters einmal den Groll des Dirigenten zu spüren, das führt zu einer über Jahre antrainierten Schlagfertigkeit (zumindest bei denen, die nicht von Haus aus schlagfertig sind). Auch das gewohnte Spielen der Bläser in Gruppen hat ihre Zunge trainiert, in Brassbands und Blasorchestern kann auch ein rauer Ton herrschen.

Sir Georg Solti, den wir den »schreienden Schädel«, auf Englisch »screaming skull«, nannten, da er ständig herumschrie, statt normal mit einem zu sprechen, befahl einem Posaunisten, den Ton akzentuierter zu spielen. Auf Englisch formulierte er das so: »You must attack this note!« Der Posaunist erwiderte sehr gemächlich: »Oh, well, but what happens if the note defends itself?« Darauf wusste Solti auch nichts mehr zu erwidern.
In Wiesbaden hatten wir einen italienischen Gastdirigenten, der mit seinem südländischen Temperament alle beleidigte und auf seinem Podest herumhüpfte. Irgendwann griff der Dirigent den falschen an, unseren Hornisten Hannes Täuber. Der ließ sich dieses Verhalten nicht gefallen, stand auf und verkündete: »Wenn Sie so weiter hier auf dem Podest herumspringen, dann spüre ich das noch hier hinten im Orchester-

graben. Der Boden vibriert so sehr, dass meine dritten Zähne und meine Brille wackeln, so kann ich Sie weder sehen noch an meinem Horn ordentlich ansetzen! Also erzählen Sie mir nicht, ich würde falsch spielen, das ist nicht meine Schuld!«

Manche Dirigenten sind nicht nur etwas speziell in ihren Umgangsformen, sie sind auch sehr eitel und empfindlich. Als Myung-whun Chung, ein koreanischer Dirigent, als Gastdirigent mit uns die siebte Sinfonie von Dvořak probte, machte ein Bratschist, der vorne saß, irgendeine unwichtige Bemerkung zu seinen Kollegen, woraufhin Chung plötzlich spurlos verschwand. Er verließ das Podest und kam einfach nicht wieder. Zuerst dachten wir, er hätte vielleicht kurz auf die Toilette gemusst, doch dann realisierten wir, dass er doch tatsächlich nach Hause gefahren war. Er hatte sich durch die Bemerkung des Bratschisten anscheinend beleidigt gefühlt. Am nächsten Tag sprang ein Ersatzdirigent für ihn ein und wir probten die achte Dvořak-Sinfonie. Wir fürchteten nur, dass der Bratschist wieder seinen Mund aufmachen würde und womöglich auch diesen Dirigenten vertreiben würde. Vielleicht käme dann am nächsten Tag wieder ein Neuer, der sich mit der Neunten versuchen würde. Doch dazu kam es nicht. Der Bratschist verhielt sich still und die Probe nahm ihren gewohnten Verlauf.

*Was hat unsere Bratschen-
gruppe mit den Beatles
gemeinsam? – Seit 1968
spielen sie nicht mehr
zusammen.*

Karl Münchinger, Dirigent des Stuttgarter Kammerorchesters, war mit seinem Orchester auf Tournee in Spanien. Ich war als Aushilfshornist dabei. Nach dem ersten Konzert fuhren wir mit dem Bus ins Hotel. Einer der Musiker hatte ein Transistorradio mitgenommen und wir hörten eine Sinfonie an, die das Orchester eine Woche zuvor in Paris gespielt hatte, allerdings unter einem anderen Dirigenten. Münchinger, der ganz vorne im Bus saß, hörte die Musik und lispelte, so wie es seine Art war: »Stell' den Scheißdreck ab!« Damals, diese Geschichte ereignete sich in meinen naiven Anfangsjahren im Orchester, war eine solche Äußerung von einem Dirigenten für mich neu. Aber er war es gewohnt, auf diese Weise mit seinen Musikern zu sprechen. Münchinger war weltweit durch seine unzähligen Schallplatten, die er mit dem Stuttgarter Kammerorchester eingespielt hatte, bekannt. Er herrschte wie ein Despot über sein Orchester, obwohl die Musiker diejenigen waren, die auf seinen Platten zu hören waren. Münchinger sah aus wie der »weiße Riese«. Er war sehr groß und hatte längere weiße Haare, deshalb war dieser Spitzname sehr naheliegend. Am folgenden Vormittag weigerte er sich, mit dem Orchester im Bus zu fahren. Er fand das wohl nicht standesgemäß. Für den Tourmanager, ein kleiner und dauergestresster Spanier, war das fast etwas zu viel, der gute Mann war vollkommen überfordert, aber er tat sein Bestes, um eine Limousine für den Maestro zu organisieren. Wir Musiker standen draußen vor dem Bus, als ein Käfer um die Ecke gefahren kam. Wir konnten uns vor Lachen kaum zusammenreißen und waren höchst amüsiert, dass das Engagement des Tourmanagers leider mit diesem Käfer an seine Grenzen gelangt war. Alleine die Vorstellung, dass der »weiße Riese« sich nun in diesen kleinen Käfer quetschen sollte, erfüllte uns mit absoluter Heiterkeit. Einige Zeit später fuhren wir mit dem Bus los, der Käfer vorneweg. Es war ein köstliches Bild. An der ersten Kreuzung schaltete die Ampel auf Rot, und der nervöse Tourmanager, der den Käfer fuhr, musste eine Vollbremsung hinlegen. Der Bus natürlich auch. Unser Fahrer konnte gerade noch verhindern, dass wir auf den weißen Riesen in seinem Käfer landeten. Als Zeichen ihres Respekts illustrierte ein Musiker aus dem Orchester den »giganto blanco« auf die staubige und schmutzige Rückseite des Busses, da wir uns sicher sein konnten, dass Münchinger unter gar keinen Umständen mit seinem Käfer hinter uns herfahren würde. Seine Eitelkeit sorgte dafür, dass er seine Gruppe immer anführen musste.

Auch Celibidache hatte gewisse eitle Züge an sich. Der jeweilige Intendant musste sich ständig um seine Launen kümmern, wenn er das nicht in angemessener Weise tat, drohte schnell seine Entlassung. Auf einer Reise musste Celibidache als Erster zusammen mit dem Intendanten das Flugzeug betreten. Er nahm Platz in der ersten Reihe und erst danach zog das Orchester ein, an seinem Platz vorbei. Das war unser interner Defiliermarsch. Er wurde mit »Grüß Gott, Maestro« begrüßt – bloß nicht mit »Grüß Gott, Herr Celibidache«. Er allerdings grüßte uns zurück, indem er uns mit unseren Vornamen ansprach.

Aber manchmal bewies Celi auch Humor. Als wir in San Francisco waren, kaufte ich eine Halloween-Maske, so hatte ich plötzlich den Kopf von Ayatollah Khomeini, mit Schleier. Auf dem Flugplatz folgte ich ihm und setzte mich gleich neben Celibidache ins Flugzeug. Die anderen Kollegen, die nach mir ins Flugzeug einstiegen, sahen dort zwei sehr bekannte Leute vor sich: Gaddafi und Khomeini. Celi saß vollkommen versteinert da und kommentierte die etwas ungewöhnliche Situation mit keinem Wort. Ich sagte zu ihm: »Maestro, ich bin's: Bob!« Er erwiderte: »Ich weiß, dass kann nur der Bob sein!« Unsere Meinungsverschiedenheit seit meiner Ablehnung hatte sich im Laufe der Jahre zum Positiven gewendet. Oder vielleicht war er zu diesem Zeitpunkt auch einfach schon zu alt, um noch richtig böse zu sein.

Was ist der Unterschied
zwischen einem großen
Dirigenten und Gott?
Gott weiß, dass er kein
großer Dirigent ist.

»Die Geschichte lehrt dauernd,
aber sie findet keine Schüler.«
Ingeborg Bachmann

Die Geschichte – Lei(d)tmotive und U(h)rfassungen

Das Orchester, so wie wir es heute kennen, entwickelte sich in der Mitte des 19. Jahrhunderts. Die Orchesterbesetzung der bestehenden Orchester wurde immer größer, da sich zu jener Zeit der Stil der deutschen Romantiker entwickelte. Die Kompositionen der Romantiker waren sehr aufwendig pompös und vielstimmig gestaltet, die Vielfalt an Instrumenten erhöhte sich deutlich. Das bedeutete für die Orchester ebenfalls, dass man jemanden benötigte, der das Zusammenspiel koordinieren und leiten konnte, da es durch die Masse an Musikern sehr unübersichtlich und schwierig geworden war. Der bekannteste Komponist der deutschen Romantiker ist Richard Wagner und der erste Kaiser der Musik, unser erster Franz Beckenbauer, war Hans von Bülow, der berühmte Wagner-Dirigent und Spezialist für Stücke von deutschen Romantikern. Wagner war sein Lehrer, der ihm das Dirigieren beibrachte. Wagner selber allerdings muss ein furchtbar schlechter Dirigent gewesen sein. 1855 war Wagner für eine Spielzeit Gastdirigent bei dem Philharmonic Orchestra in London. Als diese Zeit vorüber war, stand in der Times, dass Wagners Spielzeit eine der katastrophalsten der Geschichte gewesen sei. Daraufhin wurde er nicht wieder in London engagiert. Noch schlimmer muss anscheinend sein Klavierspiel gewesen sein: Er selber behauptete zwar, dass er immerhin besser als Frankreichs größter Komponist Berlioz spielen würde. Allerdings war bekannt, dass Berlioz überhaupt nicht Klavier spielen konnte.

Von Bülow wiederum gab sein Können an Richard Strauss weiter. Er hat ihn gelehrt, dass es besser ist, wenn er die Partitur im Kopf hat und nicht den Kopf in der Partitur. Ausgerechnet aber Dirigenten wie Günter Wand und Eugen Jochum, die nach Strauss kamen, steckten wirklich mit dem Kopf in der Partitur. Jeder Ton musste genau so nachgespielt werden, wie es dort geschrieben steht, Raum für eigene Interpretationen blieb da nicht. Die Proben mit diesen Dirigenten waren gleichzeitig anstrengend und langweilig. Sie gönnten uns nie eine freie Minute und probten grundsätzlich ein paar Minuten länger als die Probe angesetzt war. Wenn eine Probe bis halb eins dauern sollte, und es war fünf vor halb eins, dachten garantiert alle Musiker: »Nur noch sieben Minuten!« Sie hörten sehr selten pünktlich auf. Manche Kollegen ließen kaum etwas unversucht, um ihren Dienst tauschen zu können, wenn einer dieser Dirigenten zu Gast war, sodass sie nicht mit demjenigen spielen mussten. Wagte man nämlich einmal aus der Reihe zu tanzen und eine Stelle nicht stur nach der Partitur zu spielen, wiesen sie einen

sofort in die Schranken: »Ich kann mich nicht entsinnen, dass ich die Stelle jemals so gehört habe, hier steht lediglich ›piano‹!«
Dagegen war Celibidache ein freier Mann, er hatte die meisten Partituren im Kopf und sowohl Proben als auch Konzerte leitete er auswendig. Er war der Auffassung, dass das Tempo aus dem Klang entstehen würde und alles, was ist, sich nur einmalig in einem bestimmten Moment ereignen kann. Diese Denkweise hatte wieder etwas mit seiner phänomenologischen Sichtweise der Welt zu tun, die zwar keiner von uns verstand, was uns aber auch relativ egal war, da sowieso ein Blick von ihm genügte, damit wir taten, was er von uns wollte. Waren wir nicht wach und aufmerksam, dann scheute er auch nicht davor zurück, uns selbst während eines Konzertes anzuschreien. Konzerte, die von Celibidache dirigiert wurden, waren weder für die Musiker noch für die Zuhörer langweilig, schließlich gab es zusätzlich zu der Musik auch etwas fürs Auge: Die Gesten, die er veranstaltete, um uns auf ihn aufmerksam zu machen, hatten etwas sehr Komisches an sich. Folgten wir ihm nicht, klopfte er sich auf die Brust, dann erinnerte er uns an King Kong.

Sowohl Wagner als auch von Bülow habe ich erlebt. Es gab einen mehrteiligen Fernsehfilm über Richard Wagner, in dem auch Hans von Bülow mitspielte, natürlich in Form eines Schauspielers. Der Film wurde teilweise in Bayreuth gedreht. Ein Orchester durfte bei diesem Film natürlich nicht fehlen. Es war ein sehr kalter Winter, wir froren sehr, da das Festspielhaus normalerweise nur im Sommer genutzt wird und die Heizmöglichkeiten sehr beschränkt sind. Um nur eine einzige Szene zu drehen, wurde ein ganzer Tag benötigt. Bei einer der Szenen, in der wir mitspielten, handelte es sich um eine Situation, in der Wagner von Bülow beim Dirigieren unterbricht, den Taktstock selbst in die Hand nimmt und ihm zeigt, wie er es besser machen soll. Wieder und wieder wurde diese Szene gespielt. In einer der Pausen standen wir Musiker in der Kälte herum und froren, während die Schauspieler sich das ein oder andere Schnäpschen in ihren extra vom Film mitgebrachten sehr großen Wohnmobilen genehmigten. Richard Burton, der Wagner spielte und als keltischer Waliser genauso trinkfest war wie sein Landsmann, der schon erwähnte Hornist Terry Johns, trank und trank. Irgendwann allerdings nützte ihm seine Trinkfestigkeit auch nicht mehr viel, er war ziemlich betrunken. Zwar meisterte er seine Rolle noch perfekt, nur war ihm leider entgangen, dass wir während der Szene gar nicht selbst unsere Instrumente gespielt hatten, sondern die Musik von der Platte kam und wir Playback machten. Als die Szene endlich im Kasten war, kam Richard Burton zu uns Musikern und bedankte sich überschwänglich für unsere Mithilfe. Er meinte, er hätte noch nie ein so tolles Orchester gehört, und vor lauter Rührung kamen ihm fast die Tränen. Wir allerdings konnten nur herzlich über ihn lachen, die Musik,

die ihn so gerührt hatte, stammte von einer Aufnahme mit den Wiener Philharmonikern. Unsere Anwesenheit diente nur der Authentizität der Situation.
Wir Musiker waren Teil des Symphonie-Orchesters Graunke, heute bekannt unter dem Namen »Münchner Symphoniker«. Ich selber war als Aushilfe mit dabei, schließlich sollten wir ein Orchester aus dem 19. Jahrhundert darstellen und zu dieser Zeit gab es weder Frauen noch Asiaten im Orchester. Also mussten die Frauen und die Asiaten des Orchesters für diesen Film ausgetauscht werden. Ich vertrat die Hornistin.
Hätten die Filmleute die Wiener Philharmoniker engagiert, dann hätten sie das Problem, Musiker auswechseln zu müssen, gar nicht gehabt, zumindest was die Frauen betrifft. In Wien nämlich, und übrigens auch bei den Berliner Philharmonikern, hat es ausgesprochen lange gedauert, bis sich Frauen im Orchester durchsetzen konnten. Als der Film über Richard Wagner gedreht wurde, in den 80er-Jahren, waren Frauen in Orchestern eigentlich schon seit etwa 30 Jahren akzeptiert, nur bis Berlin und Wien war diese Neuerung noch nicht durchgedrungen.
Als dann Herbert von Karajan Anfang der 80er-Jahre die erste Frau für sein Orchester in Berlin engagieren wollte, schlugen die Wogen des Missfallens in der Öffentlichkeit sehr hoch. Diese Aktion war in Berlin eine Sensation, sie erregte etwa so viel Aufmerksamkeit und produzierte so viele Schlagzeilen, wie wenn Jürgen Klinsmann plötzlich eine Frau für die Nationalelf spielen lassen würde. Doch Karajan setzte sich durch und ebnete auf diese Weise den Weg für die

Frauen bei den Berliner Philharmonikern. Da die Wiener Philharmoniker dadurch ihrerseits immer mehr in eine Außenseiterposition gerieten, mussten auch sie irgendwann den gesellschaftlichen Entwicklungen nachgeben und Frauen aufnehmen.
Die Münchner Philharmoniker beispielsweise waren in dieser Frage schon sehr viel früher sehr viel liberaler. Entscheidend war die Leistung, die ein Musiker erbrachte, das Geschlecht stellte schon seit den 60er-Jahren keinen Hinderungsgrund mehr dar, um in das Orchester aufgenommen zu werden.

Wieder zurück zu von Bülow. Es wäre falsch zu denken, die Boulevardpresse würde sich nur heutzutage in das Privatleben bekannter Leute einmischen und Skandale publik machen. Auch schon im 19. Jahrhundert sorgten von Bülow und Wagner mit ihren privaten Angelegenheiten für ein sehr großes Medieninteresse. 1857 hatte von Bülow die Tochter seines Klavierlehrers, niemand anderer als Franz Liszt, geheiratet. Leider endete diese Ehe nicht glücklich, da Cosima Liszt, nun Cosima von Bülow, von Bülow ausgerechnet wegen Richard Wagner, der von Bülows großes Ideal war und dessen Musik er bekannt gemacht hatte, verließ. Doch von Bülow verließ nicht auch noch Wagner, sondern er dirigierte weiterhin seine Werke und kümmerte sich um Wagners Erfolg – zumindest kurzfristig,

*Karajan war ein
Zauberer! Abends ging er
mit dem Hund raus und
am nächsten Tag kam er
mit einem Kater wieder.*

dann begann er, sich für die Musik von Brahms zu begeistern. Wagner hatte anscheinend eine etwas unkonventionelle Art, mit der er sich bei seinem Gönner von Bülow bedankte. Dieses Ereignis sollte nur einer von vielen Skandalen sein, die die Wagner-Familie produzieren würde, die Geschichten über sie erinnern mich immer an Sendungen wie »Dallas« oder den »Denver Clan«. Aber selbst während der deutschen Revolution von 1848 geriet Wagner zwischen die Fronten. Er war nicht nur im Bereich der musikalischen Entwicklungen ein Revolutionär.

In Deutschland hat die Geschichte der Orchester eine lange Tradition. Sie existieren in Form von Hoforchestern schon seit dem Mittelalter. Damals spielten sie allein für die Reichen und Adeligen. Diese Hoforchester bestanden nicht als eigenständige Einrichtungen, sondern waren nur zur Unterhaltung der Herrscher gedacht und dementsprechend von ihnen abhängig. Wahrscheinlich stammt aus diesem Verhältnis die Bezeichnung »Dienst«. So nennen wir Musiker unsere Arbeitszeit. Wenn man eine Probe hat oder ein Konzert spielt, dann hat man je einen Dienst hinter sich gebracht. Die weitere Verbreitung von Orchestern wurde aber schon sehr früh vorangetrieben. Bereits im Jahre 1657 wurde das Gebäude der Münchner Oper eröffnet.

Zum Opernhaus des Bayerischen Staatsorchesters existiert eine eindrückliche Geschichte. Anfang des 19. Jahrhunderts fing das Gebäude, das in der Nähe des Hofbräuhauses liegt, Feuer. Das Opernhaus brannte lichterloh und die Menschen begannen panisch mit den Löscharbeiten. Sie schafften es nicht, das Feuer in den Griff zu gekommen, als auch noch das Wasser ausging. Da sie sich nicht anders zu helfen wussten, besorgten sie Bier aus dem Hofbräuhaus zum Löschen. Das Haus konnte gerettet werden, aber die Bierpreise stiegen in der folgenden Zeit stark an, da die Vorräte nach dem Biereinsatz bei dem Brand sehr geschrumpft waren. Oder vielleicht nutzte der Wirt die Situation als willkommene Gelegenheit, endlich das Bier ein bisschen teurer verkaufen zu können. Die Menschen wollten aber nicht akzeptieren, dass ihr geliebtes Bier, das bayerische Volksgetränk, nicht mehr denselben erschwinglichen Preis haben sollte. Es entstanden regelrechte Unruhen, eine Revolte im kleinen Stil, die zu Straßenschlachten ausartete, so lange bis die Preise schließlich doch wieder gesenkt wurden.

In Großbritannien hingegen entstand erst sehr viel später eine Orchesterkultur. Mitte des 19. Jahrhunderts fasste die Romantik auch in England Fuß, Wagner wurde, wie erwähnt, als Gastdirigent eingeladen und die Orchesterstrukturen, so wie wir sie heute kennen, begannen sich zu entwickeln. Die so genannten Philharmonic Societies entstanden. Das waren private Gesellschaften, die Konzerte organisierten, Chöre und Orchester gründeten und unterstützten. Bis dahin existierte nur ein Opernhaus im ganzen Land, das Royal Opera House, Covent Garden, das im Dienst des Königs stand. Um das Niveau des Orchesters zu erhöhen, wollte man keine Musiker aus England aufnehmen, weil es nur sehr wenige gute englische Musiker gab. Wenn eine Stelle frei wurde, stand ausdrücklich in der Times, dass sich Engländer erst gar nicht zu bewerben bräuchten. Paradoxerweise hatte sich die Situation im 20. Jahrhundert dahingehend verändert, dass nun keine Ausländer mehr erwünscht waren. Selbst wenn ein Ausländer eine Stelle ergattert hatte, sorgte die gewerkschaft dafür, dass er sie nicht antreten konnte. Als Musiker konnte man nämlich nur berufsmäßig spielen, wenn man auch Mitglied der Musikergewerkschaft war und Ausländer wurden einfach nicht aufgenommen. Die Gewerkschaft hatte ein Interesse daran, dass nur Briten Mitglieder wurden, da es nur sehr wenige Orchester und Stellen gab. Diese wollte man für die eigenen Landsmänner reservieren.

Der ehemalige Solo-Hornist des Royal Opera House, der zur Zeit des Ersten Weltkrieges in diesem Orchester gespielt hatte, musste einen kleinen Trick anwenden, damit er überhaupt in diesem Orchester aufgenommen wurde. Ursprünglich hieß seine Familie Borsdorf und kam aus Dresden. Er änderte seinen Namen in Francis Bradley, um eine Stelle in diesem

Der einzige Vorteil
des Dirigenten ist: Auch
wenn das Konzert ausverkauft
ist, bekommt er immer
einen Stehplatz.

Orchester zu bekommen. Genauso wie das englische Königshaus seinen Namen von Saxe-Coburg-Gotha in Windsor (benannt nach dem bekannten Schloss) änderte. Das allerdings hatte nichts mit der Musikergewerkschaft zu tun.

Dieser besagte Solo-Hornist hatte seine Geschichte auf der Weihnachtsparty des berühmten englischen Horn-Fabrikanten »Paxman of Covent Garden« erzählt. Für alle Hornisten, die sich an jenem Tag in London aufhielten, war diese Party ein Muss. Als ich ihn dort traf, war er der älteste lebende Profi-Hornist, schon vor seinem Tod eine Legende. Seine Karriere hatte im Drury Lane Theatre, im Londoner Westen, begonnen und er schilderte, dass das Orchester ein riesiges Repertoire an Nationalhymnen aufzuweisen hatte, da England zu der Zeit so viele Kolonien besaß. Viele seiner Kollegen sind damals nach Amerika ausgewandert, um dort in den neu gegründeten Orchestern zu spielen. Man konnte in Amerika mehr Geld verdienen, da das Land nicht unter dem ersten Weltkrieg gelitten hatte und deshalb die finanziellen Mittel größer waren. Immer wieder kamen Vertreter amerikanischer Orchester nach Europa, um die besten Musiker zu akquirieren. Allerdings waren vor der Jahrhundertwende auch viele Deutsche nach Amerika ausgewandert, gute Musiker, die in der neuen Heimat schnell führende Positionen in der neu entstehenden Musikszene bekamen. Sie waren Pioniere auf ihrem Gebiet, was auch dazu führte, dass die Umgangssprache, die in den Top-Orchestern, den so genannten »Big Five«, gepflegt wurde, Deutsch war. Zu den Big Five gehörten die Sinfonie-Orchester von New York, Cleveland, Boston, Philadelphia und Chicago. Deutschland hatte die klassische Musikszene exportiert, erst nach England, wo als einer der ersten Dirigenten Georg Friedrich Händel gastierte, und schließlich auch über den Atlantik nach Amerika. Übrigens, Händel musste seinen Namen nicht wie der Hornist Borsdorf/Bradley aus politischen Gründen in einen englischen verändern, das war auch sein Glück, sonst hätte man ihn höchstwahrscheinlich »George Freddy Chicken« genannt. Der deutsch-englische König Georg II., der zu jener Zeit England regierte, verstand kein Englisch und richtete die Stelle des Premierministers ein, um überhaupt mit dem Volk kommunizieren zu können. Er überredete Händel, in England zu bleiben, und so wurde der ehemalige Deutsche der beste britische Komponist aller Zeiten. Man kennt solche Aktionen ja aus der Fußballkultur. Wenn ein Spieler unheimlich gut ist, nur leider nicht aus dem Land kommt, für das er spielt, dann bekommt er eben die »richtige« Nationalität verpasst.

Im Zusammenhang mit der oben erwähnten Royal Philharmonic Society hat sich übrigens der Gebrauch des Taktstocks entwickelt. Der deutsche Komponist Louis Spohr dirigierte 1820 in London das erste Mal mit einem Taktstock. Einer der Sponsoren der Society

wollte daraufhin verbieten, dass Dirigenten in England mit einem Taktstock arbeiteten. Wenn der Dirigent schon ein Hilfsmittel benötigte, dann bitte nur einen Geigenbogen oder ein Stück von der Partitur. Ein Taktstock war etwas Neues und Unbekanntes, und die Engländer wollten lieber der Tradition treu bleiben. Obwohl der Sponsor diese Forderung nicht durchsetzten konnte, dauerte es trotzdem 50 Jahre, bis sich der Taktstock in England durchsetzen konnte. Sehr viel früher hatten die Dirigenten einen herkömmlichen Stock verwendet, um den Takt durch das Klopfen auf den Boden anzugeben.
Dabei starb tragischerweise Jean-Baptiste Lully, ein französischer Komponist und Dirigent. Er verklopfte sich und traf mit dem Stock seinen großen Zeh und nicht den Boden. Sein Zeh schwoll furchtbar an, wurde dann blau und grün und schließlich kostete Lully eine Blutvergiftung sein Leben.
Neben den Dirigiermethoden des Deutschen Spohr und des Franzosen Lully gab es noch die italienische von Gaspare Spontini, der von 1774 bis 1851 lebte. Es existiert ein aufgezeichnetes Gespräch von ihm, in dem er sagt: »Macht kann man nur mit den Augen ausüben.« Spontini dirigierte nämlich nur mit seinen Augen. Das linke Auge hatte er auf die ersten Geigen trainiert, das rechte auf die zweiten Geigen. Seiner Meinung nach waren Dirigenten, die eine Brille trugen, Dilettanten, da sie das Orchester nicht mit ihren Augen fixieren konnten, so wie eine Schlange ihre Beute. Wahrscheinlich hatte er mit dieser Art Erfolg, da die Orchester zu jener Zeit noch recht klein waren.

Wie nennt man
auf Kubanisch einen
Geigenkasten? –
Fidel Castro.

Manchmal aber helfen die Augen nicht weiter, um sich Autorität zu verschaffen. Der berühmte Bach-Dirigent Karl Richter, der etwa 150 Jahre später als Spontini lebte, hatte Probleme mit seinen Augen. Bei einer Gastprobe in unserem Orchester wollte er wissen, ob alle Musiker da sind und an den richtigen Plätzen sitzen. Er fragte: »Wo sind die Trompeter?« Die Hornisten, die auf der gegenüberliegenden Seite saßen, antworteten: »Ja, wir sind hier!« Das Chaos war programmiert. Alle warteten auf den Einsatz der Trompeten, um zu sehen, wie er reagieren würde.

Zu der deutschen Dirigentendynastie, die mit von Bülow beginnt und deren Linie noch nicht abgeschlossen ist, gehört auch Fritz Busch, der 1934 nach England kam, um das Orchester der Glyndebourne Opera zu leiten. Er hob seinen Taktstock bei der ersten Probe für den allerersten Einsatz der Musiker, und bevor sie überhaupt einen Ton gespielt hatten, brach er wieder ab und erklärte in sehr schlechtem Englisch: »Already is too loud!« Wahrscheinlich war er ein solches Genie, dass er es den Musikern schon von den Augen und ihrer Körpersprache ablesen konnte, wenn die folgenden Mozart-Töne zu laut sein würden.

Was schlechtes Englisch betrifft: Als der Komponist und Dirigent Igor Strawinsky von Russland nach Ame-

rika emigrierte, wurde er bei einer Probe von einem Musiker beleidigt. Er blieb ganz ruhig und antwortete sehr höflich und lobte ihn sogar: »Thank you very much, you are so kind.« Später fragte ihn ein russischer Kollege, warum er sich das gefallen habe lassen. Er antwortete, dass er gar nicht anders konnte, da er bis dahin nur die höflichen englischen Wörter gelernt habe, die anderen müsse er noch nachholen.
Es gab aber auch einen Dirigenten, der ein außerordentlich höflicher Mensch war: John Pritchard. Er erfuhr bei einem Gastspiel in München zur Jahreswende, dass er auf der so genannten Neujahrsliste der Queen stand und zum »Sir« gemacht werden sollte. Die Queen veröffentlicht zweimal im Jahr eine solche Liste. Einen Tag vorher hatten ihn noch alle mit »Mister Pritchard« angesprochen, jetzt wussten die deutschen Kollegen nicht, ob sie ihn »Sir John« oder »Sir Pritchard« nennen sollten. Meine Kollegin Susan Goetting aus Amerika, die Oboe spielte, war ganz aufgeregt, da sie noch nie unter einem echten Ritter gespielt hatte. Allerdings hatte sie einen Tag vorher auch bei ihm gespielt, eben bei Mister Pritchard.

Die besagte Dirigentendynastie gründet sich auf die Tradition deutscher Kapellmeister, die ihr Repertoire in den vielen deutschen Opernhäusern gelernt haben, so wie Karajan in Ulm und Aachen seine Lehrjahre hatte, bevor er nach Berlin ging. Die deutschen Kapellmeister waren bekannt für die Tugenden, die heute bei der deutschen Nationalelf wieder zu finden sind: Disziplin und Ausdauer (vor allem bei den langen

Wagner-Opern – Rossini hatte einmal bemerkt, dass Wagner schöne Momente habe, aber auch schreckliche halbe Stunden). Um diese Tugenden zu verbreiten, mussten jene Dirigenten anscheinend dementsprechend streng sein.
Eine weitere Methode aus der Tradition deutscher Kapellmeister ist, dass manche dieser Dirigenten uns Musikern ständig vorsingen, wie sie eine bestimmte Stelle gespielt haben wollen. Einmal hat Karl Böhm sogar eine Stelle vorgepfiffen. Der betroffene Musiker erwiderte: »Pfeifen kann ich die Stelle auch!« Auf diese Antwort reagierte Karl Böhm nicht, vielleicht hatte er die angenehme Angewohnheit, nur das zu hören, was er hören wollte.
Ein Londoner Musiker reagierte auf das Vorgesinge des Dirigenten, indem er zurückfragte und sang: »Meinen Sie so: la-la-la-la-la« und der Dirigent: »Nein: la-la-la-la-laa«, der Musiker: »Ach so: la-la-la-la-laa« und weiter: »Jetzt haben wir festgestellt, dass wir beide diese Stelle singen können, aber wer von uns beiden soll sie jetzt spielen?«
So wie es in Deutschland sogar Dirigenten gab, die es wünschten, mit »Herr Geheimrat« angesprochen zu werden (bei den Münchner Philharmonikern in den 30er-Jahren), und denen man sich nur bis auf drei Schritte hin nähern durfte, gab es in England eine Reihe von »Sirs«, die das Musikleben dort prägten:
Sir Henry Wood erfand die Promenadenkonzerte, die heute als die »Proms« bekannt sind. Er wollte auf diese Weise klassische Musik der breiten Masse zugänglich machen, was ihm auch gelang. Wood führte ein, dass

Was ist ein Gentleman? –
Das ist ein Kontrafagottspieler,
der nie spielt.

ein Teil der Zuschauerplätze aus Stehplätzen bestand. So konnten mehr Zuhörer zu den Konzerten kommen und gleichzeitig musste man die Karten nicht mehr so teuer verkaufen, sie wurden auch für durchschnittlich Verdienende erschwinglich.

Sir Thomas Beecham wunderte sich einmal: »Warum importiert England so viele zweitklassige deutsche Kapellmeister, wenn wir doch genügend eigene drittklassige Dirigenten haben?« Sir Thomas war einer der lustigsten und schlagfertigsten Dirigenten der Welt, von ihm gibt es so viele legendäre Sprüche, dass sie sogar in Büchern festgehalten worden sind. Ein anderes Mal sagte er zu einer Cellistin bei einer Probe: »Gute Frau, Sie haben etwas zwischen Ihren Beinen, das in der Lage ist, Tausende von Menschen zu erfreuen, und alles, was Sie damit machen, ist auf ihm rumzukratzen!« Über eine Bruckner-Sinfonie bemerkte er: »Allein im ersten Satz habe ich sechs Schwangerschaften gezählt und vier Fehlgeburten!«, und Klaviere waren für ihn merkwürdige musikalische Gewächse, die sich an den Wänden von Reihenhäusern in der Provinz befinden.

Sir John Barbirolli, Chefdirigent des Hallé Orchestra in Manchester, wurde von der Frau eines Mitglieds aus seinem Orchester besucht. Sie erzählte ihm, dass sie befürchte, ihr Mann hätte eine Affäre mit einer Geigerin aus dem Orchester. Sir John blieb sehr gelassen und konnte der Frau einen ritterlichen Rat geben: »Machen Sie sich keine Sorgen, selbst wenn es so ist, wird es vorbeigehen. Und ganz abgesehen davon spielt ihr Mann zurzeit besser denn je zuvor!«

Wenn man diese beiden Traditionslinien der englischen und deutschen Dirigenten betrachtet, stellt man fest, dass sich die Gewohnheiten verkehrt haben. Die deutsche Kapellmeister-Tradition ist durch Christian Thielemann in München wieder zu finden, die Linie der britischen Sirs ist nun auch nach Deutschland gekommen, wie durch Sir Simon Rattle, den Chefdirigent der Berliner Philharmoniker. Auch was die Sprache im Orchester betrifft, hat es Veränderungen gegeben: Früher sprach man Deutsch in amerikanischen Orchestern, heute ist es relativ verbreitet, dass in deutschen Orchestern Englisch gesprochen wird – sowohl bei den Musikern als auch bei Dirigenten.

♭

Anfang des 20. Jahrhunderts spielten viele Musiker in Kino-Orchestern. In den kleinen Kinos gab es meistens nur einen Pianisten am Klavier, die großen Kinos leisteten sich Orchester, die die Stummfilme mit Musik untermalten. Als dann die Zeit der Stummfilme vorbei war und Filme mit Ton möglich wurden, brauchte man nur einmal ein Orchester, nämlich um die Filmmusik aufzunehmen. Das bedeutete für diverse Musiker, dass sie arbeitslos wurden. In Amerika gingen viele dieser arbeitslosen Musiker an Schulen und begannen dort zu unterrichten. Dadurch wurde erstmals Musikunterricht verbreitet und die Amerikaner begannen, ihre eigenen Leute auszubilden. In Europa war es das Glück der Musiker, dass Ende der 20er-Jahre die Rundfunkorchester entstanden. Das bedeutete, dass sich für diese Musiker ein vollkommen neuer Arbeitsbereich erschloss, der die durch das Ende der Stummfilme entstandene Lücke schließen konnte.

Der Londoner Alfred Brain beispielsweise ging als erster Filmmusik-Hornist nach Hollywood. Sein Vertreter war ein Berliner. Diese beiden Musiker sind ein gutes Beispiel für die beiden Exportländer der Musik. Bald befand sich ein Großteil der Filmindustrie und so auch die Produktion der meisten Filmmusiken in Händen der Amerikaner. Nach dem Zweiten Weltkrieg verlagerte sich die Produktion, also die Aufnahmen von Filmmusik, nach Europa, genauer gesagt nach München und London. In diesen Städten war es zu jener Zeit billiger, die Musik aufzunehmen. Seitdem die Mauer gefallen ist, hat sich das Ganze wieder mehr Richtung Osten verlagert, heute wird Filmmusik beispielsweise in Budapest oder Bratislava aufgenommen. Im München der 50er-Jahre entstanden viele Tonstudios für diese Zwecke, heute aber sind diese Studios leider fast alle wieder geschlossen.

Einmal wurde in einem solchen Studio Filmmusik aufgenommen, und der Produzent bat um eine Fotografie des Orchesters. Die Musiker freuten sich schon,

*Wie nennt man es,
wenn man ein Schlagzeug
aus dem Fenster wirft? –
Schöner wohnen.*

weil sie dachten, dass sie jetzt in den Film mit eingebaut werden würden und ihr zukünftiger Ruhm sich in greifbarer Nähe befinden müsste. Leider war die Intention des amerikanischen Produzenten eine ganz andere: Er wollte das Foto machen, damit er anhand dieses Bildes gezielter all die Musiker aus dem Orchester werfen konnte, die ihm nicht gut genug waren oder die aus sonstigen Gründen nicht in sein Konzept passten. Dieses Prinzip von »hire and fire« war in den USA bis in die 50er-Jahre verbreitet. Für Musiker bedeutete das, dass es keinerlei Sicherheiten gab: anheuern und feuern. Man konnte heute in einem Orchester engagiert werden, aber auch morgen aus den willkürlichsten Gründen wieder entlassen werden. Eine Musikergewerkschaft, die sich um die Rechte der Musiker kümmert, so wie in Deutschland und England, gab es lange Zeit nicht. Ausgerechnet große Dirigenten, die aus Europa kamen, wie Fritz Reiner in Chicago, bedienten sich außerordentlich gerne dieser »Hire and fire«-Methode.

Für Musiker kann es eine sehr anstrengende Angelegenheit sein, ein Stück so aufzunehmen, bis der Produzent einverstanden ist. Früher lief der Film, zu dem Musik aufgenommen wurde, auf einer großen Leinwand im Hintergrund mit, damit der Dirigent reagieren konnte, um die Länge der Musik auf die Szenen abzustimmen. Die Musik atmete quasi mit. Heutzutage ist das nicht mehr der Fall, alles ist viel mehr technisiert und die Musiker bekommen per Kopfhörer Signale, die ihnen die genaue Länge eines Einsatzes vorgeben. Damit ist die ganze Prozedur zwar schneller geworden, aber dafür konnte man früher mehr Leidenschaft in sein Spiel einbauen, der Eindruck des Films war unmittelbarer.

#

Großbritannien hat vielleicht nicht in der Form wie Deutschland die klassische Musikkultur mit ihren Orchestern in anderen Ländern beeinflusst und hervorgebracht, aber durch die unzähligen Kolonien, die zum British Empire gehörten, entstanden viele »military bands«, Militärorchester, die überall dort spielten, wo sich Briten auf dem Erdball befanden und das Empire herrschte. Die Militärorchester in den Kolonien bildeten auch Einheimische aus, die dann für Großbritannien spielen mussten und ein Repertoire an europäischer, klassischer Musik und natürlich auch die englische Nationalhymne beherrschten. Dieser Umstand wurde den Briten in Indien, das ebenfalls englische Kolonie war, fast zum Verhängnis. 1857 ereignete sich ein Aufstand der Inder gegen die britischen Kolonialherren, der »Indian Mutiny«. Die Inder belagerten die Stadt Lucknow, die voller Briten war. Die Besetzung dauerte so lange, dass die Menschen in der Stadt kurz vor dem Verdursten und Verhungern standen. Plötzlich hörten die Belagerten in der Ferne Musik. Es war eine beeindruckende Darbietung von »God Save The Queen«. Sie wähnten sich schon in Sicherheit, überzeugt davon, dass Rettung ganz nah sein musste, und öffneten die Tore der Stadt, um ihre vermeintlichen Retter hereinzulassen. Doch leider waren die Engländer erfolgreich getäuscht worden. Bei den Musikern handelte es sich um Inder, die für die englischen Militärorchester ausgebildet worden waren und ihre Sache sehr gut machten. Sie hatten sich auf die Seite der Aufständischen geschlagen. Trotz dieses kurzen scheinbaren Erfolgs der Inder endete die Geschichte so, dass die Briten die Tore noch rechtzeitig schließen konnten, weil sie ihren Irrtum bemerkt hatten, die Augen waren in diesem Fall verlässlicher gewesen als die Ohren. Letztlich wurde der gesamte Aufstand von den Engländern niedergeschlagen.

Die indischen Musiker hatten es während der Besatzungszeit wirklich nicht leicht, aber die schottischen Musiker in ihren militärischen Dudelsackkapellen hatten es noch schwerer. In den meisten Schlachten waren sie nur mit ihrem Dudelsack bewaffnet, in der verzweifelten Hoffnung, dass der Gegner fliehen würde, wenn er die Töne ihrer Musik hörte. Es existiert auch die Theorie, dass die Dudelsackspieler ihre Musik selbst so furchtbar finden, dass sie die ganze Zeit versuchen, vor ihren eigenen Tönen davonzulaufen. Deshalb marschieren sie. Der wahrscheinlichere Grund, warum die Dudelsackspieler immer in Bewegung sind, wird aber sein, dass ein sich bewegendes Ziel schwerer zu treffen ist. Ihre einzige Chance zu überleben bestand darin, dass sie marschierten, und zwar sehr schnell.

In welcher Tonart
haben die Trompeten von
Jericho gespielt? – In d-Moll,
sie haben die Stadtmauern
de-mol(l)iert.

Da kann man nur froh sein, in unserer heutigen Zeit Musiker geworden zu sein. Die Überlebenschancen haben sich drastisch erhöht. Das Orchester heute kann man mit einem Schwimmbad vergleichen. Ich meine, das System, nach dem in Deutschland öffentliche Bäder funktionieren, kann man auf die Organisation und Funktionsweise von Orchestern übertragen. Das Schwimmbad wird von der Stadt bereitgestellt. Es existiert, unabhängig davon, ob man auch tatsächlich zum Schwimmen geht. Natürlich, gäbe es nie auch nur einen Besucher, würde die Stadt das Bad irgendwann schließen, aber das ist ja eher ein Extremfall. Tatsache ist, dass es in fast jeder Diskussion über Orchestermusik um Geld geht. Und im Zweifelsfall geht es vor allem darum, den Etat zu kürzen. Wenn das Thema bei »Blechschaden« angesprochen wird, dann bemerke ich nur, dass man mich wirklich nicht mehr kürzen kann (ich bin 1,55 Meter groß, zumindest sonntags). Zurück zum Thema: Genauso, wie die Stadt öffentliche Bäder zur Verfügung stellt, ist dafür gesorgt, dass im kulturellen Angebot auch ein Orchester vorgesehen ist. Das ist ein wirklich tolles System, das es übrigens nur in Deutschland gibt. In anderen Ländern werden Orchester überwiegend mit privaten Mitteln finanziert. Deutschland gehört zu den liberalsten Ländern, was seine Kulturpolitik betrifft, beispielsweise gibt es keinen Gewerkschaftszwang und die Stellen im musikalischen Bereich sind auch für Ausländer problemlos zugänglich. Da nun sowieso schon ein Orchester auf dem kulturellen Speiseplan jeder größeren deutschen Stadt steht, ist es auch durchaus berechtigt, dass man für diese Art Einrichtung Geld ausgibt, um sie schöner, besser und funktionsfähiger zu gestalten.

Auch die Strukturen innerhalb eines Orchesters sind sehr liberal und vor allem sehr demokratisch. Wenn bei uns beispielsweise ein neuer Solo-Hornspieler aufgenommen werden soll, dann stimmt das gesamte Orchester darüber ab. Als Regel gilt, wenn ein neuer Musiker hinzukommen soll: Der Beste bekommt die Stelle. Das ist fair und blendet im Idealfall Vorurteile aus. In England hingegen werden solche Entscheidungen in kleinen Gremien getroffen. Meistens von den Musikern der betreffenden Instrumentengruppe. Heutzutage ist die Organisation des Orchesters sogar so demokratisch, dass die Musiker auch darüber abstimmen, welcher Dirigent ihnen vorstehen soll. Früher hatte man darauf als Orchestermitglied keinen Einfluss. Da wurde der Dirigent von der Stadt bestellt.

Bei meinem Vorspiel in München passierte etwas sehr Komisches. Ich befand mich hinter einem Vorhang, als ich spielte. Um keine Vorurteile aufkommen zu lassen, spielen Kandidaten bei manchen Orchestern hinter einem Vorhang. Hinterher hat mir ein Kollege erzählt, dass alle dachten, ich sei ein Riese, da ein Schatten diesen Eindruck erweckte. Als ich für die letzte Runde hinter dem Vorhang hervortrat, konnten meine zukünftigen Kollegen kaum glauben, dass ich derselbe sein sollte, für den sie mich vorher hielten. Sie haben mich trotzdem aufgenommen.

Ein weiterer Punkt, der für die Liberalität Deutschlands in diesem Bereich spricht, ist, dass Stellen für Musiker immer ausgeschrieben werden, und das international. Es kommt nicht vor, dass man wie beim Fußball entdeckt wird, außer Willi Stahler, der aus einem kleinen niederbayerischen Dorf stammt. Er wurde in der Tat entdeckt, und zwar von dem berühmten Trompeten-Professor Uhlemann, der zufälligerweise in diesem Dorf vorbeikam, um dort eine Mittagspause einzulegen. Stahler befand sich gerade in einem Stall und übte. Dieser Zufall führte dazu, dass Willi innerhalb kürzester Zeit Solo-Trompeter in Wiesbaden wurde und anschließend beim NDR-Sinfonie-Orchester in Hamburg. Heute vermietet er Boote auf den Seychellen, das war schon immer sein Traum.

Die Kollegen beim NDR, die sich gerne über den typischen Bayern lustig machten, schließlich waren die meisten von ihnen Preußen, brachten Willi dazu, mir folgende Geschichte über sich selbst zu erzählen. Natürlich hat diese Geschichte nie stattgefunden, aber wenn es nach den preußischen Kollegen gegangen wäre, hätte sie durchaus wahr sein können. Willy wiederum machte sich auf diese Weise über seine Kollegen lustig: Als er seine erste Stelle in der Großstadt antrat, hing in dem Zimmer, in dem er sich eingemietet hatte, ein großer Spiegel. Da er vom Land und aus ärmlichen Verhältnissen kam, hatte er selten Bekanntschaft mit Spiegeln gemacht. Er dachte: »Wow, ich bin schon berühmt, wenn hier sogar ein Porträt von mir hängt!« Er brachte sein »Porträt« zur Post und schickte es seinen Eltern nach Bayern. Sein Vater packte das Geschenk aus und sagte zu seiner Frau: »Mein Gott, ist unser Willi alt geworden in der Großstadt!« Ich antwortete ihm: »Ich bin auch in armen Verhältnissen aufge-

Keiner spielt
das hohe C so hoch
wie ich!

wachsen. Wenn bei uns im Viertel jemand unüblicherweise die Miete zahlte, dann stand sofort die Polizei vor der Türe und fragte, woher derjenige das Geld habe.«

Heutzutage sind Orchesterkonzerte kaum mehr im Fernsehen zu sehen. Die fetten Jahre der klassischen Musikszene, als Karajan eine Flut von Stücken und Konzerten für Schallplatten und das Fernsehen einspielte, sind vorbei. Die Leute kaufen selten mehrere Versionen eines Stückes. Die Quoten sprechen nicht unbedingt für klassische Konzerte, angeblich geht sowieso nur ein Prozent der Bevölkerung ins Konzert. Wenn im Fernsehen überhaupt noch klassische Musik in Form eines Orchesterauftritts gezeigt wird, dann entweder sehr spät abends oder sonntagvormittags.
Aber die Musikbranche hat sich an diese neuen Entwicklungen angepasst: Man ist dazu übergegangen, große Events zu organisieren. Die klassische Musik beginnt, sich eine neue Vermarktungsmöglichkeit zu schaffen. Zum Beispiel kommt das angeblich berühmte »Royal Orchestra«, wie es im Vorfeld von der Presse sehr groß angekündigt wird, in die Olympia-Halle nach München. Doch weder ist dieses Orchester berühmt, noch existiert es überhaupt. Aus diesem Grund ist auch kein Dirigentenname angekündigt – wie auch. Hauptsache, die Musiker spielen Verdis »Aida«, das kennt zum Glück jeder. Orchester, die bei solchen Gelegen-

heiten spielen, setzen sich meistens so zusammen wie Studioorchester für Film-, Fernsehen- oder sogar für Popmusik. Zum Beispiel sind Kollegen von den Münchner Philharmonikern auf Platten von den Rolling Stones, Queen und Stevie Wonder zu hören. Wenn ein Event stattfindet, bei dem ein Orchester mitspielen soll, haben sich die Veranstalter angewöhnt, Musiker aus verschiedenen Orchestern zu engagieren. Das ist billiger. Das ist freie Marktwirtschaft.

Für die Dirigenten allerdings sind die fetten Jahre nicht vorbei. Im Zeitalter der Globalisierung ist es möglich geworden, dass ein Dirigent mehrere Orchester, die sich an verschiedenen Orten auf der Welt befinden, gleichzeitig dirigiert. Per Flugzeug jetten sie um den Globus, von Paris nach Tokio, nach New York, nach London. Trotzdem wollen die meisten Dirigenten in Deutschland arbeiten, weil hier die höchsten Gagen gezahlt werden und man als Dirigent vergleichsweise mehr Zeit zum Proben und für Konzerte als in anderen Ländern bekommt.

Für die Orchestermusiker hat die Globalisierung ganz entgegengesetzte Auswirkungen. Es besteht kaum noch ein Anreiz, dass Orchester aus anderen Städten oder Ländern eingeladen werden, da sich die Qualität der Musiker überwiegend auf ein einheitliches internationales Niveau angeglichen hat. Wie beim Fußball

in der Champions League. Zudem ist es sehr kostspielig, wenn ein ganzes Orchester von A nach B fliegen muss. Diese Kosten schlagen sich beispielsweise in sehr teuren Eintrittskarten nieder. Nur sehen die wenigsten Zuhörer ein, warum sie plötzlich für die gleiche Qualität einen höheren Preis zahlen sollen.
Als 1927 die Berliner Philharmoniker in London spielten, entbrannte eine öffentliche Diskussion über die Frage, warum es nicht auch in London ein so hervorragendes Orchester gebe. Bis dahin waren englische Orchester Get-together-Orchester, so wie heute die Orchester, die bei Events spielen. Drei Jahre später entstand dann das erste englische Rundfunkorchester: das BBC-Orchester. Der Vorteil an einem Orchester, das sich immer aus den gleichen Musikern zusammensetzt (wie die Berliner damals), ist, dass die Musiker durch die ständige Zusammenarbeit viel besser einen Klangkörper entwickeln können.
Obwohl sich das Niveau der Spieler überwiegend angeglichen hat, haben verschiedene eigenartige Traditionen der Orchester überlebt: Amerikanische Orchester beispielsweise sitzen schon eine Stunde vor Beginn der Vorstellung auf ihren Plätzen und üben die schwierigsten Stellen, jeder für sich und auf seine Art, natürlich ohne Dirigent. Als ich das erste Mal ein amerikanisches Orchester bei den Edinburgh-Festspielen erlebte, es war das Boston Symphony Orchestra unter Seiji Ozawa, war ich sehr überrascht. Vor der Vorstellung hörte ich das Orchester schon vom Foyer aus spielen. Ich dachte, ich wäre zu spät, die Vorstellung hätte schon begonnen und sie würden ein modernes Stück spielen.

Zu Händels Zeiten in England hingegen wäre es nicht denkbar gewesen, dass die Musiker vor dem Konzert noch auf der Bühne üben. Händel war immer so nervös, dass er vor einem Konzert seine Ruhe haben wollte, deshalb mussten die Musiker ihre Instrumente immer schon eine Stunde vor Beginn der Aufführung gestimmt haben. Eines Abends manipulierte ein Musiker aus Spaß die Instrumente, die fertig gestimmt bereitstanden, und verstimmte sie alle. Als der Prinz von Wales, der bei diesem Konzert anwesend war, seinen Platz eingenommen hatte, eröffnete Händel das Konzert. Die ersten Töne erklangen, und das Chaos brach los. Wahrscheinlich hörte sich das Ganze so an wie das Spiel der Bostoner Sinfoniker, wenn sie vor dem Konzert einzeln auf der Bühne üben. Händel lief durch das Orchester, nahm eine Trommel und warf sie Richtung Konzertmeister. In diesem Getümmel verlor Händel sein Toupet, das durch die Menge flog. Es gab ein riesiges Gelächter und Händel war nicht mehr zu beruhigen, bis der Prinz von Wales ihn persönlich unter Aufbringung der höchsten Überredungskünste bat, doch mit dem Konzert zu beginnen. Im Gegenteil zu Celibidache bei seiner Begegnung mit Kohl und Gorbatschov beruhigte sich Händel wieder. Vielleicht stimmen englische Musiker deshalb ihre Instrumente schon eine gewisse Zeit bevor der Dirigent das Podium betritt.

Heutzutage engagiert man sich sehr stark, um den jugendlichen Nachwuchs in den Orchestern zu fördern. Aber nicht nur die jungen Musiker werden sehr umsorgt, in der Musikbranche sorgt man auch gleich für das Nachwuchspublikum mit. Schulklassen werden eingeladen, Proben zu besuchen, und es werden Jugendkonzerte veranstaltet. So förderlich dieses Engagement auch ist, man muss nur aufpassen, dass das Shakespeare-Syndrom nicht eintritt. Wenn man junge Leute zu früh mit zu anspruchsvollem Stoff konfrontiert, dann besteht die Gefahr, dass ihnen die Lust an solchen Dingen vergeht. Das ist wie wenn man einmal eine schlechte Auster gegessen hat, meistens war das dann die letzte. Damals mussten wir in der Schule pflichtgemäß Shakespeare-Verfilmungen anschauen. Dadurch war bei uns der Shakespeare-Bedarf für die nächsten Jahre gedeckt. Schade, hätte man erst später etwas von ihm gelesen oder gehört, hätte man wahrscheinlich mehr mit seinen Werken anfangen können. Aber wenn sich nur ein Prozent der Kinder für klassische Musik begeistern lässt, dann reicht das aus, um der Musik eine gesicherte Zukunft vorauszusagen, und eine gesicherte Zukunft ist schließlich heutzutage selten.

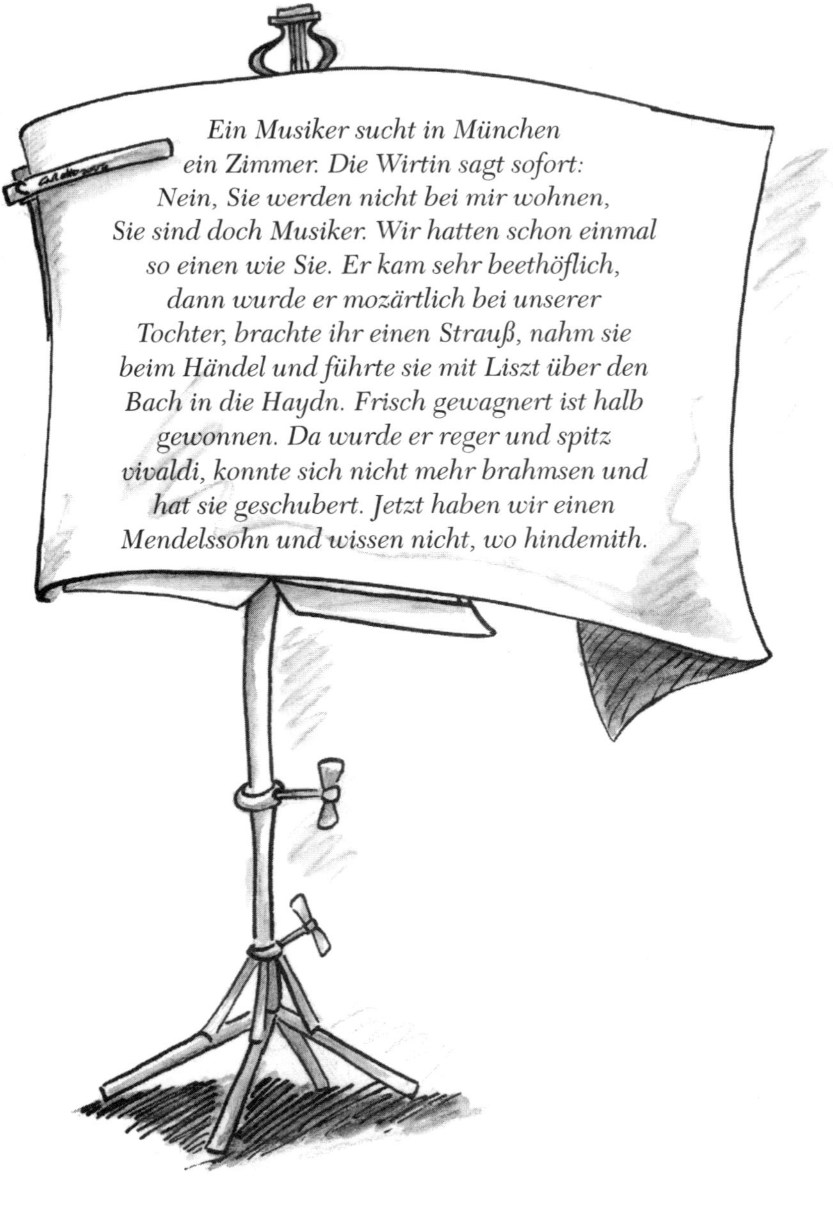
Ein Musiker sucht in München
ein Zimmer. Die Wirtin sagt sofort:
Nein, Sie werden nicht bei mir wohnen,
Sie sind doch Musiker. Wir hatten schon einmal
so einen wie Sie. Er kam sehr beethöflich,
dann wurde er mozärtlich bei unserer
Tochter, brachte ihr einen Strauß, nahm sie
beim Händel und führte sie mit Liszt über den
Bach in die Haydn. Frisch gewagnert ist halb
gewonnen. Da wurde er reger und spitz
vivaldi, konnte sich nicht mehr brahmsen und
hat sie geschubert. Jetzt haben wir einen
Mendelssohn und wissen nicht, wo hindemith.

»Phantasie ist wichtiger als Wissen, denn Wissen ist begrenzt.«
Albert Einstein

Kuriositäten

Manche Dinge sträuben sich dagegen, dass man sie in eine Ordnung bringt. Auch wenn Ordnung vieles vereinfacht und die meisten Menschen geordnete Strukturen vorziehen, bleibt immer noch ein kleiner Teil an Ungeordnetem übrig. So auch hier. All die folgenden Geschichten sind zum Teil zu schön, um wahr zu sein, oder vielleicht auch nicht, jedenfalls findet sich hier alles, was noch unbedingt erwähnt werden muss.

Hermann Goess, Trompeter bei den Münchner Philharmonikern, hatte seine erste Stelle nicht als Trompeter, sondern als Liftboy im Columbia Hotel in Nürnberg. Das war 1954, im Jahr des Wunders von Bern. Während andere Leute also mit der deutschen Nationalelf fieberten, stand Hermann in seinem Lift und übte, immer wenn er keine Fahrgäste hatte, auf der Trompete. Sein heimlicher Traum war es nämlich, dass sein nächster Job eine Anstellung als Musiker sein sollte, und irgendwann wollte er Mitglied in einem großen und bekannten Orchester werden. Obwohl er klassische Musik spielte, war sein großes Vorbild Louis Armstrong. Und wie es das Schicksal wollte, öffnete sich eines schönen Tages Hermanns Fahrstuhltüre und wer stand leibhaftig davor? Es war Louis. Hermann war vollkommen überwältigt. Trotzdem riss er sich zusammen, er wollte unbedingt diese unverhoffte Gelegenheit beim Schopfe packen. Also sagte er: »Mr Armstrong, please.« Man muss dazu sagen, dass es die einzigen englischen Wörter waren, die Hermann kannte. Zum Glück passten sie auch zu der Situation und sein englisches Repertoire beschränkte sich nicht auf so etwas wie: »What the hell is going on?« Hermann packte sein Instrument aus und blies, was das Zeug hielt. Später erzählte er, wie Louis Armstrong auf seine ambitionierten Bemühungen reagierte. Er sagte: »Dritter Stock, bitte.«

Schon im 19. Jahrhundert veranstalteten die Leute Open-Air-Konzerte. An der Westküste von Schottland fand ein Konzert statt, das Orchester spielte Tschaikowskis »1812«-Ouvertüre, in der es um den Feldzug Napoleons gegen die Russen geht. Bei einem so martialischen Thema darf natürlich der Einsatz der Kanonen nicht fehlen, deshalb endet die Ouvertüre mit lauten Schüssen. Diese wurden allerdings nicht aus echten Kanonen abgegeben, sondern die Orchestermitglieder hatten aus Metalleimern, die mit Pulver gefüllt waren, ihre eigene Kanonenversion gebastelt. Nach dem Konzert versammelten sich die Musiker wie üblich im Pub, um ihren Erfolg zu feiern, als plötzlich ein völlig durchnässter Mensch hereinplatzte. Die Musiker schauten ihn verwundert an, er schrie: »Wer hat das Signal gegeben, dass das Rettungsboot auslaufen muss?«

1723: Händel lebte in England, drei Jahre später erhielt er sogar die englische Staatsbürgerschaft. Doch schon zu diesem Zeitpunkt hatte er den englischen Humor übernommen. Aber vielleicht beweist diese Geschichte auch, dass der englische Humor aus dem deutschen entstanden ist (genauso wie das englische Königshaus), schließlich war Händel damals noch Deutscher. Er probte mit dem Orchester seine Oper »Flavio«. Der Tenor, ein Mann namens Gordon, war nicht einverstanden mit Händels Cembalo-Begleitung und drohte ihm, dass er auf sein Cembalo springen würde, wenn er nicht endlich besser spielen werde. Damals war es nicht unüblich, dass der Dirigent das Orchester von seinem Cembalo aus leitete. »Tue das!«, so Händel, »aber lass es mich vorher wissen, dann werde ich eine Anzeige in der Zeitung schalten, und ich bin mir sicher, dass mehr Leute kommen werden, um dich auf mein Cembalo springen zu sehen anstatt dich singen zu hören!«

Mit dem Humor ist es manchmal so eine Sache: Am Anfang meiner Karriere habe ich mich einmal mit dem so genannten englischen Humor versucht. Dieser Versuch scheiterte kläglich. Mein Horn-Kollege in Wiesbaden, Kurt Arzberger, schrieb über alles, was das Thema Horn betrifft, Artikel in der Musikerzeitschrift »Das Orchester« und er zeigte mir in diesem Zusammenhang alte Noten, die man gefunden hatte und die er bewerten sollte. Ich sagte zu ihm spontan: »Gib mal her, ich spiel dir das Stück vor, damit du weißt, wie diese Noten klingen sollen.« Das fand er gar nicht lustig. Ich musste mich bei ihm entschuldigen.

Kurt Arzberger begann unmittelbar nach dem Krieg in Wiesbaden. Damals waren die Verhältnisse noch sehr bescheiden. Kurt erzählte von einem Mann, der im Keller des Opernhauses arbeitete und früher Heizer bei der Marine während der Schlacht im Skagerrak im Ersten Weltkrieg gewesen war. Dort hatte er sich alle möglichen technischen Kenntnisse angeeignet und er schaffte es, die Heizung im Keller des Opernhauses so umzubauen, dass die Kollegen dort heiß duschen konnten. Zu dieser Zeit war eine warme Dusche der beste Bonus zu einem Arbeitsvertrag. Heutzutage machen sich Blechbläser lustig über die »Warmduscher« unter den Holzbläsern und Streichern. Der besagte Mann sagte zu Kurt: »Wenn ich in Pension gehe und jemand versucht, meine Tüftelei auseinanderzunehmen, wird dieses Opernhaus höchstwahrscheinlich in die Luft fliegen!« Zum Glück steht das Gebäude heute immer noch.

Noch mehr zu Kurt: Einmal trat er in ein astreines Fettnäpfchen. Er beruhigte mich nach meinem Fauxpas mit ihm, indem er mir erzählte, dass er als junger Musiker auch nicht immer die sensible Seite der Musiker richtig verstanden hatte. Ein Geiger, der direkt vor ihm im Orchestergraben saß, sprach nie ein Wort mit ihm. Darüber ärgerte sich Kurt sehr, bis ihn seine Kollegen darüber aufklärten, dass dieser Mann seine gesamte Familie im Krieg bei der Bombardierung von Dresden verloren hatte. Die Musik und sein Geigenspiel war seine Therapie, nur sprechen wollte er eben nicht.

Was den Respekt zwischen Jung und Alt im Orchester betrifft: Bei einer der letzten Proben vor der Eröffnung des Gasteigs, des Konzerthauses der Münchner Philharmonie, ging versehentlich die Sprinkleranlage an. Das Orchester musste mit den vielen wertvollen Instrumenten schnellstens von der Bühne fliehen und eine Putzkolonne kam, um den Schaden zu beheben. Wegen des großen Schadens wurde die Putzkolonne durch Zivildienstleistende verstärkt. Schließlich musste am nächsten Vormittag alles tipptopp sein, weil der Bundespräsident höchstpersönlich bei der Eröffnung anwesend sein wollte. Als der Saal soweit wieder hergestellt war, ging die Probe weiter. Allerdings befand sich oben auf den Rängen noch ein einsamer

Einzelkämpfer, der tapfer weiter den Boden staubsaugte. Da Celibidache ein Meister der besonders leisen Stellen war, hörte man die »Nebenmelodie« des Staubsaugers besonders deutlich. Das machte Celibidache ganz fuchsig. Er schrie den Staubsauger-Täter mit voller Inbrunst an, doch der junge Mann war kein Orchestermitglied, sondern als Zivildienstleistender Celibidache gegenüber sozusagen autonom. Er schrie zurück: »Schrei mich gefälligst nicht so an, du alter Depp!! Glaubst du, ich stehe hier zum Spaß und mache das freiwillig? Das lasse ich mir von dir doch nicht gefallen, hau doch ab!« Bei dem, was danach geschah, blieb mir eine Sache besonders in Erinnerung. Es war allgemein bekannt, dass Celibidache mit seinem Bein starke Probleme hatte, doch so schnell, wie er vom Podest sprang und verfolgt von seinem treuen Vorstand aus dem Raum stürmte, um den jungen Mann wie in einem Charlie-Chaplin-Film zu jagen, hatte ich ihn noch nie rennen sehen.

Manchmal führen die anfänglichen Bemühungen von Musikern, ihr Instrument zu lernen, zu merkwürdigen Reaktionen bei ihren Mitmenschen. In einer Radiosendung des BBC, dem »Music Club«, beschrieb Gerard Hoffnung, ein bekannter Cartoonist, seine erste Begegnung mit einer Tuba: »Ich ging mit meiner Frau durch London spazieren, als wir plötzlich vor

*Der Dirigent betritt die
Bühne und es sitzt nur eine Dame
im Publikum. Der Dirigent sagt
zu ihr: »Danke, dass Sie gekommen
sind! Für Sie werden wir das
Konzert geben.« Sie entgegnet ihm:
»Aber bitte schnell, ich muss
hier noch putzen!«*

einem Secondhandladen standen. Mitten im Schaufenster entdeckten wir etwas ganz Besonderes. Es war der einzige Gegenstand, den ich schon immer besitzen und mit dem ich mich schon immer auseinandersetzen wollte, seitdem ich denken kann. Und da stand sie nun: groß, dick, robust und unglaublich charmant – eine Tuba. Das Nächste, an das ich mich erinnern kann, ist, dass ich sie gekauft hatte, ich hatte mich vor lauter Euphorie anscheinend in einem Traumzustand befunden. Plötzlich stand ich mit meiner Frau und der Tuba auf dem Piccadilly Circus. Es regnete in Strömen und wir trugen die Tuba über den Platz. Zu Hause angekommen, bekam die Tuba als Erstes ein heißes Bad verpasst. Meine Frau und ich machten sie sauber und rubbelten sie trocken – ganz behutsam. Während der nächsten drei Tage produzierte ich eine Reihe von Geräuschen, die so grauenvoll und schmerzvoll für die Ohren waren, dass bei unseren Nachbarn das Gerücht entstand, wir hielten wohl einen kleinen Baby-Elefanten bei uns zu Hause in der Badewanne. Aber ab dem vierten Tag konnte ich langsam ein paar sehr sanfte und schöne Klänge auf meiner Tuba spielen ...«

Die britische Fassung von »Jugend musiziert« heißt »Associated Board«. So nennt man das achtstufige Prüfungssystem der »Royal Schools of Music«, das sind die

Musikhochschulen in Großbritannien. Bei einem Wettbewerb von »Jugend musiziert« spielt man vor einer Jury und zudem ist das Vorspiel öffentlich. Während einer Prüfung von »Associated Board« spielt man nur einem Prüfer vor. Außerdem muss man zusätzlich einen Theorieteil bestehen. Das System von »Associated Board« ist unter anderem dadurch entstanden, dass man einen relativ allgemein verbindlichen Maßstab etablieren wollte, nach dem man alle, die damals zum britischen Reich gehörten, also auch die Menschen in den Kolonien, bewerten konnte. Man wollte feststellen können, ob die jungen Musiker gut genug sind, um sich in Großbritannien für ein Musikstudium zu bewerben.

Für diejenigen, die als offizielle Prüfer arbeiteten, war es ein sehr lukrativer Nebenverdienst, auf der Suche nach talentierten Musikern durch die Kolonien zu reisen. Allerdings barg dieser Job auch Gefahren, schließlich konnte es vorkommen, dass in den Kolonien andere Sitten herrschten. Einmal wurde ein Prüfer mit der Machete fast erschlagen, weil er seinen Prüfling nicht so bewertet hatte, wie er sich das vorgestellt hatte. Das Ganze ereignete sich auf einer kleinen Insel im Südpazifik. Angeblich waren die Eingeborenen so stolz auf ihren Kandidaten gewesen, dass sie nicht akzeptieren konnten, dass er nicht bestanden hatte. Seit diesem Vorfall werden die Ergebnisse der Prüfungen erst bekannt gegeben, wenn der Prüfer sicher wieder seine Heimat erreicht hat – und zwar per Post.

Auch ein Messer kann im Zusammenhang mit Musikern gefährlich werden. Ein Oboist in England hatte die Angewohnheit, dass er immer während den Proben und sogar auch während Konzerten das Rohr seiner Oboe mit einem Messer bearbeitete, damit der Klang noch perfekter wurde. Einmal war ein Gastdirigent eingeladen, den diese Marotte ganz nervös machte. Er befürchtete, dass der Oboist durch sein Oboengeschleife seinen Einsatz verpassen würde. Also verbot ihm der Dirigent, das Messer zu benutzen. »O.K«, antwortete der Oboist, »dann lege ich das Messer eben weg«, sagte es und stach sich mit dem Messer mitten ins Bein. Der Dirigent war geschockt und vollkommen zerknirscht, dass er den Musiker zu einer solchen Reaktion gebracht hatte, doch die Kollegen im Orchester lachten lauthals. Sie wussten, was der Dirigent nicht wissen konnte: Der Oboist hatte ein Holzbein.

Ein bombensicheres Alibi hatte auch ein Tubist, der vor Jahrzehnten in Bayern in einem renommierten Orchester spielte. Während eines Konzerts, bei dem etwa 2000 Zuhörer anwesend waren, musste er sich übergeben. Das tat er auch und zwar benutzte er dazu seine Tuba. Glücklicherweise besitzt dieses Instrument einen sehr großen Schalltrichter. Hinterher

Der Tubist ist der erste Musiker, der in der Bibel erwähnt wird: »Vater unser, der tu bist im Himmel!«

meinte er als Entschuldigung: »I hob an schlechten Fisch dawischt!« Was will man dazu noch sagen.

Ungefähr zur gleichen Zeit sprang ein Mitglied der Münchner Philharmoniker nach einem Konzert vor lauter Begeisterung in die Isar, um nach Hause zu schwimmen. Ein Passant war furchtbar erschrocken und rief die Feuerwehr und die Polizei. Das ganze Aufgebot suchte ihn, konnte ihn aber nicht finden. Wie auch, er war schon längst zu Hause angekommen. Leider kostete dieser Vorfall den Musiker seine Stelle, da er bei der Stadt angestellt war und die fand seine Aktion nicht besonders witzig.

Einmal spielte das Royal Scottish National Orchestra in München. Der Veranstalter hatte den Musikern ein eher billiges Hotel organisiert. Für die Damen im Orchester entwickelte sich dieser Umstand zu einer höchst problematischen Angelegenheit, da es auf den Zimmern keinen Fön gab. Sie gingen gemeinsam zur Rezeption und fragten mit starkem schottischen Akzent nach einem Fön: »We need a hair dryer in the room!!« Der Rezeptionist sehr galant: »Kein Problem, meine Damen, in diesem Hotel sorgen wir für alles«, sagte es, nahm das Mikrofon zur Hand und sprach in die hausinterne Anlage: »Herr Dreier, bitte kommen Sie schnell zur Rezeption!«

Eine Empfehlung an alle Musiker, die zu spät zur Probe kommen, sei es aus eigenem Verschulden oder aufgrund von höherer Gewalt: Man darf niemals rennen. Wenn man rennt, dann kommt man außer Atem, und dann kann man sein Instrument nicht ordentlich spielen, besonders als Bläser. Außerdem könnte der Dirigent den Musiker angreifen, und wenn man dann nicht entspannt ist, fällt es umso schwerer, richtig zu reagieren. Besser noch ist natürlich, wenn man eine bombensichere Erklärung für seine Verspätung hat. So wie ein Geiger, der bei Sir Thomas Beecham spielte. Zu der Zeit, als er einmal zu spät kam, war Sir Thomas besonders reizbar, weil die Presse fortwährend über seinen Steuerskandal berichtete. Zu seinem Glück wusste der Geiger über diesen Umstand Bescheid. Doch nicht nur dem Geiger, sondern auch dem gesamten Orchester war diese Unannehmlichkeit bekannt. »Wo kommen Sie her?«, fragte Sir Thomas höchst erzürnt und sehr pikiert den Geiger. Dieser antwortete mit stoischer Gelassenheit: »Entschuldigen Sie, Sir Thomas, aber ich war gerade beim Finanzamt, um meine Steuern zu bezahlen.«

»Ach, die Musik! Was für eine wunderschöne Kunst! Aber: was für ein absolut miserabler Beruf!«, das hatte Georges Bizet ganz am Anfang schon einmal festgestellt. Jeder so, wie er meint, ich für meinen Teil aber finde das Leben eines Musikers durchaus akzeptabel. Das Gute an diesem Beruf ist, dass man als Musiker sein Instrument sehr lange spielen kann, als Dirigent vielleicht sogar zu lange. Von der Kindheit an bis hin ins hohe Dirigentenalter, man denke nur an William Steinberg. Als Fußballspieler kann man das nicht. Die Zeit, in der man spielt, ist auf die Dauer eines Lebens gesehen ziemlich begrenzt. Eins zu null für die Musik!

*Mir fällt nichts mehr ein.
Ich habe Hunger. Ich gehe
nach Hause und freue mich auf
eine schottische Tomatensuppe:
heißes Wasser in eine rote
Tasse, ein Rezept aus
meiner Heimat.*

Tobias Melle
Eine Alpensinfonie in Bildern

Ein aufwändig gestalteter Bildband über die eindrucksvolle Alpenlandschaft in all ihren Facetten. Mit einer CD »Eine Alpensinfonie« von Richard Strauss

Eine Wanderung durch die Alpen, vom Sonnenaufgang bis zum Abendgewitter, stellte sich Richard Strauss vor, als er seine berühmte Alpensinfonie komponierte. Der Fotograf Tobias Melle hat – inspiriert durch die Musik und anhand von originalen Notizen zur Komposition – Aufnahmen der Berchtesgadener Alpen gemacht, die ihre einzigartige Natur und ein wunderschönes Landschaftspanorama zeigen.
Zusätzlich enthält der Bildband eine CD mit einer Aufnahme der Alpensinfonie vom Tonhalle Orchester Zürich, unter der Leitung von David Zinman.

104 S. mit Fotos, ISBN 3-7844-3068-6

Lesetipp

BUCHVERLAGE
LANGENMÜLLER HERBIG NYMPHENBURGER
WWW.HERBIG.NET